EN BUSCA DE LA ESPERANZA

EN BUSCA DE LA ESPERANZA

El Refugio de Corrie ten Boom

MARIO ESCOBAR

En busca de la esperanza: El refugio de Corrie ten Boom

B&H Publishing Group
Brentwood TN, 37027

Diseño de portada: James Hall
Imágenes y fotos interior: Horlogerie_ten_Boom_Barteljorisstraat_19_Haarlem.jpg. Wikimedia commons.
Dibujo casa en Harlem por B&H Publishing Group

Clasificación: B
Clasifíquese: TEN BOOM, CORRIE /MUJERES CRISTIANAS—BIOGRAFÍAS / PRISONEROS DE GUERRA—PAÍSES BAJOS—BIOGRAFÍA

ISBN: 978-1-4300-8845-5

Impreso en EE. UU.
1 2 3 4 5 * 28 27 26 25

A Corrie ten Boom y su familia, cuya vida y obra trajeron tanta esperanza y amor al mundo.

A Elisabeth, la mujer más sabia que he conocido.

Si el diablo no nos puede convertir en gente mala, nos convertirá en gente ocupada.

Corrie ten Boom

El perdón es una acto de voluntad, y la voluntad puede funcionar sin importar la temperatura del corazón.

Corrie ten Boom

Para que el mal triunfe, solo se necesita que los hombres buenos no hagan nada.

Edmund Burke

Índice

Introducción

ESTÁBAMOS PASEANDO POR NASHVILLE, LA capital de Tennessee en los Estados Unidos, con nuestro amigo y editor Giancarlo Montemayor, cuando, mientras mirábamos desde el puente la silueta de la ciudad de la música, él comentó: «Sería algo increíble hacer una novela sobre la vida de Corrie ten Boom». Enseguida, mi mente comenzó a trabajar, y aquello es siempre señal de que una buena idea me ronda en la cabeza. En el coche, mientras nos dirigíamos al restaurante para comer, estuve perfilando la idea, y en cuanto regresé a Madrid, me puse a pensar en cómo escribiría la historia.

El refugio secreto fue un gran éxito de ventas en su tiempo, escrito originalmente en inglés por Corrie, con la ayuda de los escritores John y Elizabeth Sherrill, que también escribieron *La cruz y el puñal*, contando la historia de David Wilkerson.

Las generaciones de los años setenta, ochenta y noventa disfrutaron esta historia y, en 1975, salió una versión cinematográfica. Durante estas décadas, comenzaron a popularizarse las series y películas sobre esta temática, rompiendo el silencio de casi treinta años en los que apenas se había hablado del Holocausto o genocidio judío.

En el año 1978, se estrenó la serie norteamericana *Holocausto,* y el debate sobre lo sucedido en la Segunda Guerra Mundial entró en todos los hogares del mundo.

Yo era un adolescente cuando leí por primera vez el libro, y al poco tiempo vi la película. Había algo oscuro y sórdido en aquel mundo gobernado por el mal, como un presagio del poder que el odio y la violencia podían desatar sobre el mundo, como si los años treinta y cuarenta hubieran sido un ensayo general de la llegada del Anticristo a la tierra.

La historia y la vida de Corrie ten Boom, su inspiradora familia y el poder de la fe frente al mal deben inspirar a una nueva generación de cristianos, que en muchas ocasiones, parecen impasibles ante la injusticia y el poder opresivo que los totalitarismos imponen en el mundo.

La democracia se encuentra en crisis como en los años veinte y treinta del siglo pasado, los experimentos en uno u otro sentido están convirtiendo al mundo en un lugar peligroso en el que se siembra el odio y la discordia. El siglo XXI se convertirá pronto en el que más cristianos han muerto por su fe, pero mientras una parte de la iglesia es perseguida en muchos lugares de África y Asia, otra parece totalmente adormecida.

Corrie ten Boom, una mujer de más de cincuenta años de edad, junto con su hermana Betsie, algo mayor que ella, y su octogenario padre Casper y otros miembros de su familia, fueron capaces de salvar y proteger a cientos de personas durante varios años, aunque sabían que con ese gesto estaban arriesgando sus vidas por las de unos extraños. Su gesto, más que un acto heroico, nos recuerda que no necesitamos mucho ni ser poderosos para hacer el bien. La familia ten Boom simplemente obedeció el mandato de su maestro Jesús de Nazaret de ser embajadores de un nuevo reino que no pertenecía a este mundo.

Déjenme que les cuente la historia de Corrie y su familia, para que podamos ver que las viejas historias de José y Moisés, David y Jeremías siguen vigentes hoy en día, y que el libro de los Hechos aún no se ha cerrado por completo, porque en la lucha y en la prueba, la iglesia sigue caminando y solo se detiene para predicar, como dice el viejo himno que aún se canta en muchos templos alrededor del mundo. Afinemos el oído y los ojos; este drama está a punto de comenzar. ¡Síganme!

Madrid, invierno de 2024

Prólogo

Múnich, Alemania, 1946

MIENTRAS EL PASTOR TERMINABA SUS palabras de presentación y me llamaba al estrado, experimenté el mismo temor de siempre. Nunca había sido ni la más valiente ni la más espabilada de mis tres hermanos. Estaba Willem o Wim, como nosotras lo llamábamos, un pastor ordenado por la Iglesia Reformada Holandesa y había estudiado teología. Luego, Nellie, también mayor que yo, una mujer valiente de una fe inquebrantable, y mi querida Betsie, una de las personas más dulces que el mundo había conocido.

Ella, en cambio, nunca se había sentido gran cosa. Había fracasado en casi todo lo que se había propuesto. Karel, el gran amor de su vida, había elegido a otra para casarse. Betsie no había conseguido nunca formar una familia y, aunque era la primera mujer de los Países Bajos en licenciarse como relojera, siempre se había preguntado si lo había hecho para complacer a su padre o por propia iniciativa.

Los ten Boom habían regentado una tienda de relojes en el centro de la ciudad de Haarlem por más de cien años. Éramos una de las familias más queridas y respetadas de la pequeña localidad, pero yo me preguntaba qué había hecho para mantener ese buen nombre. Ser detenida, encarcelada, sobrevivir y, ahora, en medio de los que hasta hace un par de años eran mis enemigos, hablarles de amor y esperanza. La idea ni siquiera había sido mía. Mi hermana Betsie me lo había pedido en Ravensbrück, aquella sucursal del infierno que los nazis habían construido al norte de Berlín.

Todos los feligreses alemanes me observaron curiosos; algunos, algo ofuscados, hastiados de que les recordaran lo malvados que habían sido, y la mayoría, simplemente indiferentes. No había casi varones. Los que no había devorado la guerra estaban prisioneros por sus crímenes o simplemente preferían las tabernas cercanas. Los ancianos, las mujeres y los niños que la observaban con sus miradas inquisitivas no me infundían el menor sentimiento de amor, hasta que comencé a hablar y dejé que mis palabras torpes y mis pensamientos negativos se transformaran en lo que Dios quería transmitir aquella mañana de domingo.

«Mi padre siempre leía para comenzar el año el famoso Salmo 103. "Bendice, alma mía, a Jehová, y bendiga todo mi ser su santo nombre. Bendice, alma mía, a Jehová, y no olvides ninguno de sus beneficios".[1] Estos versículos significaban mucho para él, que como humano, tenía que recordarse el privilegio de bendecir a Dios. Lo vi hacerlo hasta su último aliento, sin quejarse nunca y sin mostrar jamás algún tipo de decepción. Él sabía que la vida era difícil; había perdido a su esposa demasiado pronto, había experimentado la enfermedad y la ancianidad, pero se sentía pleno y satisfecho con lo que Dios le daba».

La sala se encontraba completamente en silencio.

«Yo nunca fui como él, ni tampoco como Betsie, Nellie o Win. Todos ellos eran y son mejores que yo, pero Dios utiliza a personas imperfectas para realizar Su obra perfecta. Me habría gustado no vivir aquellos años terribles, pero todos hemos sufrido, todos

---

1 Sal. 103:1-2.

hemos perdido a seres queridos y, sin embargo, a pesar de nuestras debilidades y dudas, nuestra angustia y sufrimiento, continuamos pidiendo a Dios que nos ayude».

La gente se puso en pie para aplaudir mientras yo bajaba torpemente del estrado. Jamás había pensado que hablaría a multitudes. Se me daban bien los niños y me encantaba ayudar a los ancianos, pero no estaba hecha para que la gente escrutara mis palabras.

Me senté al lado de la esposa del reverendo y, al terminar el culto, el pastor me llevó a la entrada para despedirme de los feligreses. Aquello era mucho más difícil que hablarles desde el púlpito. La gente me daba la mano, me besaba o me contaba su sufrimiento durante la guerra; yo me quedaba sin palabras, sin saber qué contestar, y simplemente les sonreía como una tonta.

Un hombre alto, rubio y con el pelo cortado a cepillo se aproximó junto a una mujer y dos niñas. En cuanto me clavó la mirada, lo reconocí de inmediato. Tenía los ojos enrojecidos y las mejillas encendidas, pero sin duda, era el mismo hombre. Ya no lucía su uniforme de las SS, lo que le quitaba esa aureola tenebrosa de aquellos ángeles de la muerte, pero cuando pasó frente a mí y me miró directamente a los ojos, me eché a temblar.

«Señora ten Boom, no sé si se acuerda de mí, pero creo que Dios ha propiciado este momento para que le pueda pedir perdón. Después de la guerra, regresé a la iglesia y me arrepentí de mis muchos pecados, pero quería pedirles perdón a usted y a su hermana. Las recuerdo perfectamente; eran como dos ángeles en medio de aquella oscuridad. Lo lamento de veras».

El hombre extendió la mano. Yo la miré fijamente pero no me moví; estaba paralizada y furiosa.

El pastor sonrió incómodo y las dos niñas comenzaron a tirar de su madre.

Miré de nuevo a los ojos del hombre. Ya no eran fríos y distantes, implacables y crueles. Yo llevaba meses predicando sobre el perdón, la misericordia y el derecho a cambiar. Había perdonado a muchos holandeses que habían colaborado con las autoridades nazis, pero dar la mano a aquel hombre se me hacía insoportable.

No merece mi perdón, pensé mientras intentaba dibujar una sonrisa en mi rostro. Entonces, pensé en Jesús perdonando a Sus asesinos en la cruz, lo vi mirando con amor a los que lo escupían en la cara. Me di cuenta de que yo era uno de esos asesinos que lo habían enviado al sufrimiento mayor de Su tiempo, sin tener culpa alguna, y noté cómo mi corazón comenzaba a reblandecerse.

Extendí la mano y la estreché. La suya estaba fría y sudorosa, algo encallecida, como si aquellas manos que torturaban y asesinaban ahora se dedicasen a construir.

«Dios nos perdona a todos. ¿Quién soy yo para no hacerlo?», le contesté.

El hombre comenzó a llorar, pero sin aspavientos, se secó los ojos con la manga de la otra mano y logró añadir: «Lo que está haciendo consigue que muchos corazones sean sanados y restaurados. Muchas gracias».

«Yo no estoy haciendo nada. El único que puede restaurar el corazón y lavar el alma es Dios».

El hombre soltó mi mano y sentí como si una fuerte energía se hubiera desprendido de nosotros. Pensé en Betsie y su eterna sonrisa. Ella había visto todo aquello antes de que sucediera: nada se escapaba del control de Dios, aunque a veces tuviéramos la sensación de que todo estaba patas arriba.

Durante el primer bombardeo sobre Haarlem, mientras mi padre y Betsie oraban por los alemanes que nos estaban bombardeando, yo tuve una visión terrible y real que terminó cumpliéndose, como si Dios hubiera abierto durante un instante una puerta del tiempo y me mostrara el sufrimiento que íbamos a atravesar. Y yo, durante todos aquellos años anteriores, a pesar de mis pequeñas amarguras y decepciones, había sido feliz, muy feliz, y no lo sabía.

PRIMERA PARTE:

ÉRAMOS FELICES Y NO LO SABÍAMOS

CAPÍTULO 1

La familia

Haarlem, primavera de 1940

MUCHOS CREÍAN QUE MI HERMANO Willem era un agorero, pero uno nunca es profeta entre los suyos. Había sido ordenado pastor por la Iglesia Reformada de Países Bajos, había ejercido fielmente el pastorado junto a su esposa Christina durante varios años en Zuilen, pero lo asfixiaba el ambiente de la pequeña congregación, más preocupada por complacerse a sí misma que por servir al prójimo.

Se preparó y especializó en estudios del Antiguo Testamento y comenzó a acariciar el proyecto de crear una casa en la que pudiera acoger a personas mayores y ayudar a los desamparados. Sin recursos, sin sueldo y sin casa, mi hermano y mi cuñada encontraron una casa grande en Hilversum y lograron comprarla. Willem intentó centrarse en su formación los primeros años y estudió en la Universidad de Leipzig, donde escribió una tesis titulada: *El resurgimiento del antisemitismo racial moderno.* Enseguida, se dio cuenta de que la persecución al pueblo judío no tardaría en comenzar. En eso se parecía mucho a mi padre, y entre sus principales amistades, se encontraban los dos rabinos de Haarlem.

Las bombas sonaban lejanas al principio, como si fueran el eco de una guerra distante, pero a medida que se acercaban, sentíamos que el corazón nos latía más fuerte y retumbaba a cada impacto. Los tres estábamos de rodillas, aunque en varias ocasiones, tuve la tentación de meterme debajo de la mesa del salón.

Unas horas antes, el primer ministro había dicho por la radio que los alemanes no atacarían el país, y mi padre se había puesto furioso al ver cómo aquel político intentaba engañar a la gente. Mi padre no era derrotista, ni mucho menos. De hecho, después de la locución, nos miró muy serio y nos dijo: «¡Oh, ese hombre no sabe lo que dice! Cómo lo siento por los holandeses que no conocen el poder de Dios… Puede que nos venzan, pero a Él no lo vencerán jamás».

Cuando las bombas se alejaron un poco, mi hermana propuso que tomáramos un café. Lo preparé en la pequeña cafetera y, unos minutos más tarde, estábamos los tres alrededor de la mesa, como si la guerra se tratara de un mal sueño.

—¿Recuerdan la fiesta del centésimo aniversario de la relojería? —nos preguntó mi padre con una sonrisa en los labios.

No entendía por qué sacaba aquel tema a colación, pero era mejor pensar en los días felices que en los tristes. En los últimos años, habíamos visto cómo mis tías se iban marchando a la presencia de Dios; ya no teníamos a ningún niño adoptado, mis sobrinos se hacían mayores y teníamos la sensación de que la gran casa parecía más vacía y solitaria que nunca.

—Aquel día celebramos una gran fiesta. Todo el barrio vino y trajo pasteles; nunca había comido tantos. La gente ama esta relojería, pero ¿saben por qué?

Las dos negamos con la cabeza.

—Ven en nosotros una gran familia. Es algo que crearon sus abuelos y yo he intentado mantener. La tienda es solo nuestra morada, pero la familia es mucho más. Sus hermanos viven en otra casa, pero esta siempre será la casa de todos.

Miré a mi padre. Lo recordaba perfectamente en aquel día con varios relojes en los bolsillos del chaleco, jugando con los niños, hablando con todo el mundo y mostrando su gran corazón.

—Lo que no entiendo es cómo pueden orar por los alemanes. No me entra en la cabeza. Son nuestros enemigos —musité.

—¿Te acuerdas de Otto? —preguntó mi padre. Claro que lo recordaba. Había sido aprendiz de relojero durante unos meses. Una persona detestable, un fanático nazi y una persona despiadada. Había maltratado a otro ayudante ya anciano para ocupar su puesto.

—Otto es un ejemplo claro de por qué no me gustan esos alemanes.

Mi padre me sonrió.

—Aquel joven se comportó muy mal, despreció nuestra hospitalidad y abusó de nuestra cordialidad, pero en el fondo, no era más que un joven confundido y seducido por las palabras de ese fantoche austríaco.

—Entonces, por esa regla de tres, nadie sería culpable de nada; todos tenemos una razón para ser como somos.

—No me has entendido. No lo estoy disculpando, ni mucho menos. Lo que quiero explicar es que ese joven engreído y fanático en el fondo es un pobre diablo que no conoce a Dios y por eso está lleno de odio. ¿Cómo seríamos nosotros si no conociéramos a Dios? Puede que iguales o peores. Lo que marca la diferencia es precisamente lo que Jesús hace en nosotros.

—Está bien —refunfuñé—, pero siguen sin gustarme esos alemanes.

No tardaríamos mucho en comprobar que los nazis, a pesar de intentar mostrar su mejor cara al principio, eran personas terribles.

Nuestro país apenas resistió unos seis días el envite alemán. La reina se exilió en el Reino Unido y los nazis ocuparon el país, ante el asombro de la mayoría de los holandeses, que no creían que nuestro país sería invadido por los alemanes.

No habíamos cerrado la tienda en ningún momento; la normalidad era la única forma de combatir el miedo que nos producía la guerra. Nuestro país era pacífico y había estado cultivando la tolerancia durante cientos de años, pero nos costaba entender que el mundo estaba cambiando y que nada podía impedir que el viento de la intolerancia, el odio y el racismo se introdujera en nuestro pequeño e idílico pueblo.

Durante el breve conflicto, la mayoría de la gente que venía a vernos no era precisamente para comprar relojes; la mayoría buscaba consuelo. Todos conocían a mi padre, un hombre bondadoso que siempre tenía una palabra amable en los labios y una oración por todos aquellos que sufrían. Betsie y yo hacíamos el café o intentábamos consolar a las mujeres y madres cuyos hijos y esposos habían sido movilizados para combatir en el frente.

Los vecinos habían mostrado en muchos casos su solidaridad, ya fuera ayudando a proteger los cristales de las ventanas de los bombardeos o dejando a disposición de la gente ávida de noticias su aparato de radio.

Una de aquellas mañanas de la guerra, mientras mi hermana me ayudaba a proteger las cristaleras del escaparate, vimos cómo uno de los más declarados antisemitas de nuestra calle estaba ayudando al peletero judío Weil a colocar un cristal que estaba suelto.

—Venga, juntos tardaremos menos —dijo el hombre a Weil, que no podía evitar mirarlo con asombro.

—Muchas gracias.

—Para eso estamos los vecinos.

Un grupo de niños se acercó a nuestra tienda. Nuestro padre leía la Biblia mientras los ayudantes limpiaban el escaparate y abordaban las pocas reparaciones que habían llegado aquella semana.

—Señor ten Boom —dijo una niña con unas bellísimas trenzas rubias, mientras otra con el pelo rizado y muy rojo tomaba uno de los relojes de bolsillo de mi padre.

—Díganme, damiselas.

—¿Cuándo acabará la guerra? No podemos ir al colegio y apenas nos dejan jugar en la calle.

Vi cómo mi padre, con la mejor de las sonrisas, tomó entre sus manos arrugadas el rostro de la niña.

—Querida, eso solo lo sabe Dios, pero te aseguro una cosa: Él nos protegerá de todo mal y hará que todo termine pronto. Puede que perdamos la guerra, pero Dios no pierde nunca.

Un niño llamado Guillermo, con su rostro pecoso, miró al cielo y después a los ojos azules de mi padre.

—¿Por qué nos hacen esto los alemanes?

Mi padre se encogió de hombros.

—Yo tampoco lo entiendo, pero a veces, el diablo convence a la gente para que haga cosas terribles, y ellos lo llaman ideología.

No se puede matar a nadie por sus ideas; la única forma digna de vivir y de morir es sacrificándonos por los demás.

El día de la rendición fue uno de los más dramáticos de aquel año de 1940. La reina se había marchado, nos sentíamos desvalidos, como ovejas sin pastor y, de forma improvisada, todos los vecinos nos dirigimos en procesión hacia el centro de la ciudad. Era una marcha silenciosa, la mayoría de la gente cabizbaja y con muestras de desaliento. Al llegar a la plaza, un hombre que estaba escuchando la radio en su casas se asomó y gritó a los cuatro vientos: «¡Nos hemos rendido!».

Se escuchó un grito generalizado de estupor. Después, un niño se puso enfrente de la ventana del agorero y le dijo:

«Son unos cobardes; yo no me habría rendido nunca».

El muchacho de unos quince años comenzó a llorar, y mi padre se acercó hasta él y le secó las lágrimas con su mano.

«Eres un valiente. No creas que la batalla ha terminado; apenas acaba de empezar para cada uno de nosotros, y necesitaremos toda la fuerza del mundo para no sucumbir».

Las cosas cambiaron muy paulatinamente, al menos en Haarlem. Unos días más tarde, vimos los primeros uniformes grises. El sonido de las botas al entrar en la ciudad y las cadenas de los tanques nos encogieron el corazón, pero en cuanto miramos el rostro de los soldados, comprendimos que no eran más que críos jugando a la guerra.

De alguna manera, aquellos alemanes eran como fantasmas para nosotros. Tenían forma corpórea pero procurábamos ignorarlos, hasta que comenzaron a entrar en la tienda. Al principio, su sola presencia nos atemorizaba. Incluso nos planteamos si era ético atenderlos, pero pensamos que era mejor intentar normalizar la situación.

Uno de los nazis entró una mañana. Tenía un aire inocente, como el de un estudiante que está pasando una temporada en un país extranjero.

—Buenos días —le dijo a uno de nuestros ayudantes, pero preferí bajar las escaleras y atenderlo yo misma.

—Buenos días —le dije en alemán, y el hombre me miró algo sorprendido.

—¿Conoce mi idioma?

—Unas pocas palabras —le contesté. Otto me las había enseñado antes de que tuviéramos que echarlo.

—Me interesa ese reloj de allí; quiero enviarlo a mis padres en Alemania.

Giré y observé un reloj de cuco que llevaba casi veinte años en el mismo lugar. Hasta ese momento, nadie parecía haberse interesado en él. De hecho, no sabía ni qué precio ponerle.

Bueno, tendríamos que ajustarlo primero; es algo antiguo.

—Perfecto, ¿para cuándo lo tendrán listo?

—Para pasado mañana.

—Muchas gracias —dijo el soldado, mientras se quitaba la gorra cortésmente para despedirse.

En cuanto se escuchó la campanita que indicaba que la puerta se había cerrado, mi hermana se me acercó por la espalda.

—No parecen tan malvados.

—El diablo se viste como ángel de luz —le contesté muy seria.

En las últimas semanas, los alemanes habían impuesto su toque de queda, aunque a nosotras no nos afectaba; siempre estábamos en casa mucho antes. Pero también controlaban todos los periódicos, habían comenzado a repartir cartillas de racionamiento y era obligatorio entregar nuestras radios.

Papá nos comentó que era mejor colaborar sin chistar, pero justo el día en el que los nazis estaban requisando las radios, llegó a casa mi sobrino Peter. Peter siempre había sido muy especial. Tenía un gran talento para la música y parecía siempre alegre. Además, era muy dispuesto y valiente.

—Tía, no tienes por qué entregar los dos aparatos. Si lo haces, no te enterarás de nada de lo que pasa en el mundo.

—Pero, los alemanes…

—Diles que solo tienes un aparato y oculta el otro. ¿Qué pueden hacerte si lo descubren?

No me gustaba mentir, pero aquel pequeño acto de rebeldía me hizo sentir un poco mejor. Cuando el oficial nazi que recogía los aparatos llegó una hora más tarde, fui yo la que hablé con él.

—Ya sabe por qué venimos.

—Las radios —le contesté muy seca.

—Muy bien. ¿Esta es la única que poseen?

—Sí, señor —le mentí, y noté cómo se me revolvían las tripas. Nunca lo había hecho antes, pero intenté que no se me notara.

—Está bien, pero ¿sabe qué sucederá si descubrimos otro aparato?

Negué con la cabeza.

—La llevaremos detenida por actuar contra el Tercer Reich.

No le contesté, pero el oficial se limitó a entregar el aparato a un soldado y ambos salieron de la tienda. Respiré aliviada. Al parecer, no había caído fulminada por un rayo por mentir. Dios sabía que lo había hecho por una buena causa.

CAPÍTULO 2

La seducción

SIEMPRE HABÍA ANHELADO UN AMOR verdadero, y pensaba que mi hermana Betsie se casaría. Tenía mucho mejor carácter que yo y era mucho más guapa, pero, al parecer, las dos íbamos a entrar en la larga tradición de mujeres solteras de mi familia. Eso no quiere decir que mi alma y mi corazón no hayan conocido alguna vez el amor verdadero.

Mi madre siempre organizaba grandes fiestas. Cualquier excusa era buena para que llenase la casa de música, dulces y amigos. Es una de las cosas que más echo de menos de ella. Su muerte dejó en todos un gran vacío y un gran silencio.

Yo apenas tenía catorce años cuando mi hermano Willem trajo a un muchacho y nos lo presentó como un amigo de Leiden. El joven universitario nos saludó a todos con un formal apretón de manos. Mis ojos fueron viendo cómo se acercaba y mi corazón se aceleró hasta casi salírseme del pecho. Cuando sus dedos tocaron con las yemas los míos, una corriente eléctrica me recorrió todo el cuerpo. Nunca un chico se había fijado en mí. Nollie, la mayor de todas, era la que siempre se llevaba las miradas de los jóvenes por su belleza, aunque parecía resultarle indiferente. A mí me habían gustado otros chicos, pero ninguno como aquel.

No nos vimos durante mucho tiempo, pero su imagen me quedó grabada en la memoria. Cuando fuimos a visitar a mi hermano en la universidad de Leiden dos años más tarde, en el invierno de 1908, mi hermano nos recibió con dulces y abrazos. Apenas llevábamos unos minutos con él cuando aparecieron cuatro de sus amigos en la habitación que tenía alquilada en una elegante casa de la ciudad. Entre aquellos altos y apuestos universitarios, estaba Karel.

—Permítanme presentarles a mis amigos.

Willem comenzó uno a uno, pero cuando llegó a Karel, este se paró y dijo con una sonrisa:

—Ya conozco a Corrie; nos vimos en una fiesta en su casa hace un par de años.

Mi corazón dio un vuelco. ¿Cómo era posible que se acordase de mí?

Los chicos se sentaron a los pies de la cama. Todos miraban a Nollie, que ya tenía dieciocho años y hablaba con soltura. Ella contó que estaba estudiando magisterio y entonces Karel me miró y me preguntó directamente:

—¿A ti también te gustaría hacerte profesora?

La pregunta me pilló por sorpresa, y me puse algo colorada.

—No, quiero ayudar en el negocio. Mi padre, mi mamá y la tía Ana me necesitan.

La tía Bep estaba enferma y creía que era mi deber ayudar en casa, aunque eso supusiera sacrificar mi futuro.

Salimos a dar un paseo a pesar del frío. Karel se puso a mi paso y, por un instante, nuestras manos se rozaron.

—Es muy loable que quieras quedarte en casa para ayudar a tu familia, sobre todo siendo aún tan joven.

Me quedé callada como una tonta.

—Admiro mucho a la gente que es capaz de sacrificarse por los demás. Cada vez hay más gente egoísta que únicamente piensa en ella misma.

—Mi madre y mi tía están enfermas. Ellas han llevado mucho tiempo el peso de la casa y creo que ahora me toca devolver un poco de lo mucho que me han dado.

Karel me sonrió.

—Tu madre es encantadora; te pareces mucho a ella.

Llegamos justo hasta la estación y se me cayó el alma a los pies. Podrían pasar otros dos años hasta que volviera a ver a Karel, y tal vez ya tendría novia. No sabía coquetear ni mostrar a los chicos que me gustaban. Por eso la mayoría de la gente pensaba que me eran indiferentes.

Mientras el tren se alejaba de la estación, vi cómo los ojos de Karel se posaban en los míos y sentí que, de alguna manera, él también me amaba. En cuanto regresamos a casa aquel invierno, las cosas se complicaron mucho. Mi madre insistía en llevar comida a las casas más necesitadas de la ciudad, la tía Bep tenía tuberculosis y parecía que Dios estaba dirigiéndome a ayudar a los demás.

Unos días más tarde, mientras la monotonía y las capas de nieve parecían disipar mis sentimientos, mi madre me pidió que la acompañase a la casa de un hombre viudo que tenía muchos hijos. Mientras caminábamos al barrio más pobre de Haarlem, contemplé su figura delgada que perdía fuerza cada día.

—Veo muy débil a la tía Bep. Podríamos dejar que se marchara al campo… siempre le gustó el aire libre.

—La tía Bep no resistiría el viaje; cada día está más débil.

Entramos en la casa y el hombre se quitó la gorra e inclinó el rostro.

—¿Cómo están los niños?

—Pasan mucho frío y mucha hambre. Yo he perdido el trabajo y estoy sin fuerzas. Desde que Mary se marchó, ya no tengo ganas de vivir.

Mi madre le entregó una cesta con comida.

—Mandaré que le traigan leña para la estufa. Dios ha permitido que su esposa se reuniera con Él muy pronto, pero también que usted se quede para proteger a su familia. La vida es dura, pero le aseguro que Dios le dará las fuerzas que necesita si se las pide de todo corazón.

El hombre se secó las lágrimas con la manga de la camisa y, mientras regresábamos a casa, miré a mi madre. Me parecía una especie de heroína, capaz de ayudar a decenas de personas y sanarlas con su amplia sonrisa.

Unas semanas más tarde, ya no podía moverse de casa. Problemas con cálculos biliares y un derrame cerebral la habían dejado postrada, pero desde la cama no cesaba de escribir cartas a otras personas, dándoles las fuerzas que ella ya no tenía.

Mi madre logró sobrevivir a la tía Bep, pero su salud ya no era la misma. Sin embargo, nos visitaba el nuevo médico, el Dr. van Veen, el cual atendía a mi otra tía, Jans, que era diabética, y algunas veces, lo acompañaba su hermana enfermera, Tine van Veen, una joven hermosa y encantadora que terminó casándose con mi hermano Willem.

La familia estaba cambiando, pero todo era muy lento y paulatino. Aunque mis tías eran cada vez mayores y la tía Bep había fallecido, para mí siempre habían sido casi ancianas. Ahora que tengo la misma edad que tenían en ese entonces, sé lo frustrante que es ver a tu cuerpo envejecer mientras tu alma y mente siguen tan jóvenes y fuertes como siempre.

La boda de Willem con Tine fue memorable, y me dio una nueva oportunidad de ver a Karel. Ahora, él tenía veintisiete años, y yo veinte. La edad no me parecía algo tan insalvable como unos años antes.

Betsie me había ayudado a peinarme y cuando, tras una larga espera, logré encontrarme con Karel, me tomó de las manos y me miró de arriba abajo como nunca antes nadie me había mirado.

«¡Dios mío, Corrie! ¡Ya no eres la niña de los enormes ojos azules, ahora eres una mujer preciosa!».

Tras la muerte de la tía Jans, Willem nos invitó a escuchar su primer sermón. Aquel día era un gran acontecimiento para la familia, pero aún más para mí, porque estaba segura de que vería a Karel.

Llegamos a la casa parroquial en tandas. Todos nos íbamos a quedar un par de días en la ciudad. Al día siguiente, mientras me dirigía a abrir la puerta, me encontré con Karel, que acababa de llegar.

—Hola, Corrie —dijo sin soltar las maletas. Después, saludó a todo el mundo, tomamos un café y, para mi sorpresa, me invitó a dar un paseo.

Salimos por la puerta principal y comenzamos a recorrer las calles. Yo tenía la sensación de ir sobre una nube. Era la primera vez que estábamos completamente solos.

—La guerra está siendo terrible en Europa. Nosotros somos unos afortunados, pero Willem siempre dice que, aunque no entremos en el conflicto, todo lo que está pasando terminará por afectarnos.

—Willem siempre ve cosas que otros no ven.

—Esperemos que esta vez se equivoque —me contestó —. ¿No estás prometida? Una mujer tan guapa y tan buena…

La pregunta quedó en el aire, pero me pareció una declaración de intenciones. Caminamos en silencio unas calles y después nos paramos junto al río.

—Me gusta mucho estar contigo —me dijo, mientras su mirada me atravesaba el alma.

—A mí también —logré responder, superando mi timidez.

—Será mejor que regresemos antes de que se haga más tarde.

Llegamos a la casa y noté una mirada extraña en mi hermano. Después de la cena, mientras fregaba los platos con Betsie, se acercó hasta mí y me preguntó si podíamos hablar.

—¿Karel se ha declarado? —dijo con un gesto de enfado.

—No, ¿por qué preguntas eso?

—No quiero que sufras. La familia de mi amigo es muy especial; quieren casarlo bien, con la hija de alguna familia rica. Nunca aceptarán que se case contigo. Siempre me decía en la universidad que su madre se moriría si te pedía matrimonio.

—Eso no puede ser —respondí, furiosa.

—No va a declararse, por eso es mejor que lo olvides.

Salí de la habitación a toda prisa. Sentía una fuerte opresión en el pecho. Pensaba que el amor podía superarlo todo; tal vez había leído muchas novelas. Willem a veces era demasiado directo, demasiado cruel.

Karel se marchó unos días más tarde. Al despedirse de mí, me tomó de las dos manos y me pidió que le escribiera. Estuve mucho tiempo haciéndolo; al principio, cada día, pero él comenzó a contestarme cada vez más tarde y, en los últimos meses, apenas nos habíamos comunicado.

Unos meses más tarde, escuchamos la puerta de la tienda y cuando abrí, vi a Karel del brazo de otra mujer. Me quedé sin palabras.

«Te presento a mi prometida. Quería que fueras la primera en conocerla».

Me quedé muda y sin respiración, como si me hubieran dado un puñetazo en el estómago. Betsie salió a mi rescate y los invitamos a tomar café. Mi padre no dejaba de mirarme. Podía sentir el sufrimiento que anidaba en mi corazón. En cuanto se marcharon, corrí a mi cuarto y comencé a llorar.

Al rato, sentí el humo de la pipa de mi padre, levanté la cabeza y lo vi en el umbral.

«Corrie, ¿estás bien? Sabes, el amor es la fuerza más poderosa del mundo. Ya sabes que Dios es en esencia amor. Ante la desolación que sientes, únicamente puedes hacer dos cosas: convertirte en una mujer fría y amargada o pedir a Dios que canalice ese amor hacia los demás. Puede que nunca seas su esposa, pero el gran amor que le tienes puede convertirse en algo puro y genuino que traiga un poco de esperanza a este mundo».

Aquellas palabras me decidieron a dedicar mi vida a los demás. Intenté buscar en mi iglesia cuál sería el mejor sitio para hacerlo y pensé enseguida en los jóvenes, que siempre parecen tan desorientados y perdidos en el mundo, y mucho más en el que había dejado la Gran Guerra.

La juventud de los años treinta parecía tan desorientada y desesperada que cualquier viento ideológico hubiera sido capaz de convencerla de que el mundo podía cambiarse. Mientras los comunistas arreciaban en Rusia, sembrando el terror en un país tan castigado por la pobreza y la desigualdad, el fascismo —y más tarde, el nazismo—, se puso de moda en muchos países occidentales.

En 1931, se había fundado el NSB, o *Nationaal-Socialistische Beweging in Nederland* [Movimiento Nacional-socialista en los Países Bajos], una versión del partido nazi alemán. El partido ultranacionalista no era antisemita en un principio, ya que se había inspirado primeramente en el partido fascista de Italia, pero al final de la década ya estaba copiando las tesis del nacional socialismo de Alemania. Al parecer, según me informó mi hermano, tras la invasión tenía apenas 30 000 miembros, pero poco a poco, tras la llegada de los nazis, su número se fue incrementando.

Desde hacía unos años, además de a los jóvenes, me dedicaba a enseñar a un pequeño grupo de niños con problemas mentales. Si el trabajo con los jóvenes me gratificaba, el de estos niños me llenaba el corazón. Solía enseñarles historias de la Biblia en la iglesia, pero cuando los días comenzaban a ser más cálidos, nos dirigíamos a los parques para disfrutar del aire y el sol de primavera.

Aquella mañana, mientras nos dirigíamos hacia un parque próximo, cerca de la iglesia, nos cruzamos con un oficial alemán y un grupo de miembros del NSB, que muchas veces hacían el trabajo sucio que la policía no se animaba a hacer.

—Señora, ¿dónde va con esos niños? —preguntó el alemán en un perfecto holandés.

—¿Está prohibido sacar a los niños a dar un paseo? —le pregunté, desafiante. El hombre frunció el ceño. Mi hermana Betsie ya me había advertido que no era buena idea que me enfrentara a los ocupantes, pero no podía evitarlo. A veces, me podía la arrogancia, que yo quería adornar de valor.

—Esos niños no merecen tanta atención; son una vergüenza para su raza.

Aquellas palabras se me clavaron como puñales.

—¿Qué ha dicho? Estos niños son criaturas de Dios, más dulces y amables que cualquier persona considerada «normal». Dios nos creó a todos y cada uno de nosotros.

—Debería dedicar su tiempo a niños sanos.

—¿Qué tipo de niño fue usted? ¿Uno sano? Pues puede que el cuerpo esté sano, pero muchos tienen enferma el alma. Muchos miran los que se ve por fuera, pero Dios mira el corazón.

Me giré y tiré de los niños para alejarme de allí. Tenía tanta rabia en mi corazón que se me saltaban las lágrimas.

Llegamos al parque, y una de las niñas, llamadas Anna, me miró muy seria y me dijo:

—¿Se encuentra bien, profesora?

—Sí, solo será un momento —dije, mientras me secaba las lágrimas con un pañuelo—. ¿Saben la historia de Mefiboset?

Los niños negaron con la cabeza. Siempre les había contado otras mucho más conocidas, como las de David y Goliat, Daniel o José, pero nunca la historia de aquel pobre hombre.

—David era muy amigo de Jonatán, el hijo de su enemigo Saúl. Eran tan amigos que se consideraban hermanos, pero tras la muerte del rey y su hijo en la Batalla de Gilboa a manos de los filisteos, David se convirtió en rey de Judá y, más tarde, de todo Israel. El rey David se entristeció mucho tras la muerte de Saúl y su hijo Jonatán. Para él, el rey era el ungido de Dios y, a pesar de que lo había perseguido tantos años, él siempre lo había amado y respetado. Tras la derrota y ante la llegada de los enemigos, una de las nodrizas tomó al hijo de Jonatán, Mefiboset. Pero, en su huida, se tropezó, y el niño se le escurrió de las manos y se quebró las dos piernas. El segundo libro del profeta Samuel nos narra esta triste historia. El niño fue protegido por un jefe gadita, pero cuando David se enteró de que el hijo de Jonatán estaba vivo, lo mandó a llamar. El hombre tullido de las dos piernas temía que el rey lo castigara por los pecados de su padre y su abuelo. Pero, cuando el rey lo vio, lo abrazó y lo sentó a su mesa, le dio sus tierras y lo convirtió en el más cercano de los cortesanos de palacio. Lo que para otros no tenía valor sí lo tenía para el rey David. Nuestras piernas, nuestros brazos, nuestros ojos no son tan importantes. Dios nos ama tal y como somos. Además, la felicidad no reside en las cosas que tenemos; ni siquiera en poder ver, oír o correr. Mucha gente tiene todo y es muy infeliz. Dios nos ama tal y como somos.

Una de las niñas se me quedó mirando y me dijo:

—Entonces, ¿por qué el profesor en el colegio dice siempre que soy una carga para el estado? ¿Por qué me dice eso?

—Los seres humanos quieren convencernos de que somos meros animales, de que no fuimos creados a imagen de Dios. El día que nos lo creamos, nos convertiremos en cosas que pueden robar, vender o destruir, pero Dios nos creó a cada uno de nosotros, Jesús murió por todos, incluso por Sus enemigos.

—¿También murió por los alemanes?

—Sí, Peter.

Mientras nos dirigíamos de regreso a la iglesia para que los padres recogieran a sus hijos, pensé en las palabras del niño. ¿Dios podía amar a los nazis? Sabía que sí, pero en el fondo de mi corazón, no lo deseaba. No se lo merecían.

Regresé a casa caminando, antes de que sonara el toque de queda, y recordé aquella noche de lágrimas y las palabras de mi padre. El amor de Dios era capaz de transformarlo todo. ¿También podía cambiar a un nazi? Deseaba que todos se fueran al infierno, pero en el fondo, sabía que Dios también los amaba. Le pedí que el amor de Karel pudiera dirigirlo a los que más lo necesitaban.

Al llegar a casa, me esperaban Betsie y mi padre. Me senté en la mesa para cenar y me preguntaron qué tal me había ido en el día. Después de narrarles mi encuentro con el oficial nazi, me atreví a hacer una pregunta a mi padre.

—Padre, ¿crees que Dios puede perdonar a los nazis?

—Dios puede convertir todo este odio en amor; sí lo creo. Lo que ellos quieren es sembrar la maldad, convencernos de que ese camino nos hace más fuertes, pero podemos anteponer el amor de Dios. De otra manera, ellos triunfarán. No son sus escopetas y sus pistolas lo que más me asusta, lo que realmente me atemoriza es que conquisten el corazón de este pueblo.

—Eso es imposible —dijo Betsie.

—No lo es, querida. ¿Crees que entre los alemanes no había gente preparada, que entre ellos no hay buenos cristianos? La técnica del diablo no es enfrentarnos a nuestra miseria; es que nos deslicemos tan lejos de Dios que, cuando queramos darnos cuenta, él controle nuestro ser. Ese Adolf Hitler, el austríaco, es un hombre endemoniado, un anticristo; quiere que los holandeses nos entreguemos a él. Pero Willem me ha contado lo que los nazis están haciendo en Polonia y otros lugares; no tardaran en hacerlo aquí y, entonces, deberemos decidir.

—¿Decidir qué? —preguntó Betsie, que parecía muy incómoda con la conversación.

—Entre vivir con Cristo y morir por Él o entregarnos en los brazos de Satanás.

CAPÍTULO 3

La cara quemada

MI HERMANO WILLEM HABÍA ESTUDIADO en Alemania y nos había advertido de casi cada paso que iban a dar los nazis. Teníamos la sensación de que un aciago reloj se había puesto en marcha y únicamente Dios podía pararlo de nuevo. El nazismo era una enfermedad que se extendía rápidamente por Europa y por el mundo, y ahora nos tocaba a nosotros.

Por las tardes, mi padre y yo acostumbrábamos pasear. A él le venía bien para no perder la forma, debido a su avanzada edad, y a mí para intentar bajar los pasteles que siempre habían sido mi perdición. Sin embargo, desde la llegada de los nazis, comenzó a escasear primero el azúcar, y después la harina.

Mientras recorríamos las calles del centro de Haarlem, nos chocó comprobar que en algunas de las tiendas comenzaban a colgar carteles que anunciaban que estaba prohibida la entrada a los judíos. Siempre habíamos vivido en paz con los hebreos en Haarlem y en el resto de los Países Bajos. Mientras otros los perseguían a lo largo de los siglos, los neerlandeses simplemente los habíamos dejado instalarse y compartir nuestras vidas.

Continuamos el paseo algo más disgustados, pero la furia de mi padre, algo muy poco común en él, se desató cuando comenzamos a ver carteles también en los teatros, los parques, la biblioteca y cualquier local público.

—¡Esto es inadmisible! ¿Acaso hemos regresado a la edad de las cavernas?

—Padre, no te pongas así, podría darte un ictus o una subida de tensión.

Logré que se tranquilizase un poco y regresamos a casa, pero al día siguiente, las cosas empeoraron aún más. Muchos de los vecinos fueron obligados a llevar la estrella de David amarilla. Hasta ese momento, desconocíamos que eran judíos, pero ahora que los nazis los habían señalado, muchos se cambiaban de acera al verlos o les retiraban el saludo.

—Espera —dijo mi padre, entró a la tienda de un viejo amigo judío y salió con una estrella de David en el pecho.

—Pero, padre, eso es ilegal.

—También lo es marcar a las personas como animales. Yo soy también hijo de David, como Jesús.

Los vecinos, que sabían perfectamente que mi padre no era judío, lo miraban. Unos, sorprendidos, otros, con admiración. Conocían el buen corazón de mi padre y entendían por qué lo hacía.

Al rato, nos cruzamos con un policía que lo detuvo de inmediato.

—¡Quítese eso! —le ordenó.

—¿Por qué?

—Porque no es judío.

—Mi Maestro lo era, Jesús era judío e hijo de David.

El policía parecía muy molesto, pero no hizo nada, pasó de largo y nos dejó continuar con el paseo. Muchos de los judíos nos saludaban al pasar. Veían en aquel gesto mucho más que solidaridad; percibían verdadero amor.

—Si los hombres justos no hacemos nada, triunfarán los malvados —declaró mi padre mientras nos alejábamos del barrio judío.

Al día siguiente, dos de los rabinos más importantes de la ciudad se acercaron hasta la tienda. Llevaban unas grandes bolsas.

—Cuánto honor que entren en esta, mi casa —los saludó mi padre.

—Hermano, sabemos que ama a nuestro pueblo y tememos que los nazis roben o quemen nuestros libros sagrados. Queríamos pedirle que los guarde a buen recaudo antes de que esos extremistas los destruyan.

Los dos hombres con sus barbas largas y blancas dejaron todo sobre el mostrador.

—Será un gran honor.

Los hombres lo abrazaron entre lágrimas.

—Vendrán tiempos mejores —dijo mi padre, para animarlos.

—No lo creemos. Nuestros hermanos en Polonia están siendo encerrados en guetos y mueren por miles. Únicamente la llegada del Mesías podría salvarnos.

—Ojalá venga pronto —les dijo mi padre a los dos rabinos.

En cuanto salieron de la tienda, mi padre me pidió que escondiera los libros en el hueco de la escalera, debajo de unas tablas que podían moverse.

—¡Pobres! Deben de estar muy asustados para dejar sus libros sagrados en manos de un gentil.

—Para ellos, eres como un hermano.

—¿Recuerdas a Otto, el joven alemán? Pensé que Alemania nunca se dejaría gobernar por gente que creyera lo mismo que él, pero estaba equivocado.

Al día siguiente, salimos a dar nuestro paseo de la tarde. Estábamos cercar de la sinagoga principal cuando vimos las llamas y un grupo de judíos que corrían despavoridos. Los seguimos y vimos cómo la hermosa sinagoga ardía por los cuatro costados. La gente se agolpaba a pocos metros, pero sin hacer nada, como si aquella destrucción les resultara indiferente.

—¿Nadie va a hacer nada? ¡Llamen a los bomberos! —les gritó mi padre, pero antes de que alguien se marchara a avisarles, escuchamos cómo se acercaban. Desengancharon sus mangueras y comenzaron a lanzar el agua, pero no a la sinagoga, sino a los edificios aledaños.

—¿Qué están haciendo? —les preguntó mi padre.

—Tenemos orden de evitar que el fuego se extienda.

—Pero la sinagoga…

—Cumplimos órdenes, señor.

—¡Y dónde está su conciencia? ¿No juraron salvar vidas y apagar incendios?

El sargento de los bomberos se plantó delante con los brazos en jarra.

—¿Qué quiere? Nos han dicho que si apagamos el incendio quemarán nuestras casas con nuestras familias dentro. Será mejor que se quite esa ridícula estrella y deje de hacerse el héroe. Usted es viejo y no tiene mucho que perder, pero nosotros sí.

Mi padre, por primera vez en su vida, se quedó sin palabras, se apartó cabizbajo y me pidió que nos fuéramos a casa.

Aquella noche, oró más fervientemente que nunca.

«¿Quién soy yo para servirte, Señor? Un vil pecador, un hombre débil e imperfecto, pero tú eres grande y hacedor de maravillas. Cuida a tu pueblo y ayúdanos a hacer lo que sea por ellos. Tu bendecirás al que lo bendiga y maldecirás al que lo maldiga».

Las lágrimas le recorrían el rostro y caían al suelo hasta formar un pequeño charco. Al día siguiente, sus oraciones fueron respondidas, aunque eso supuso el mayor cambio que nuestra familia había experimentado en mucho tiempo. Sabía que él estaba dispuesto a actuar y nosotras también lo haríamos en cuanto viéramos la más pequeña oportunidad. Willem llevaba algún tiempo ayudando a refugiados judíos. Sin duda, él podría aconsejarnos qué hacer.

Una mañana, mientras observaba en la mesa los pedidos de los vecinos judíos que ya no iban a venir a recoger, escuché la campanilla de la puerta de la tienda. Me asomé y vi a un hombre todo vestido de negro. Estaba de espaldas y solo podía ver su pelo canoso, un sombrero calado y el abrigo largo y oscuro.

—Buenos días, ¿en qué puedo ayudarlo?

El hombre se giró y me quedé muda; se me cayó el alma a los pies. Aquel hombre tenía toda la cara quemada, en especial el mentón y las mejillas.

—¿Esta es la tienda de los ten Boom?

—Sí, ¿tenía algún encargo que recoger? —le pregunté, intentando disimular mi horror.

—Puede preguntar, me habían dicho que aquí me ayudarían. He logrado cruzar la frontera de milagro. Mi familia y yo vivíamos en Colonia. Hace unas semanas, se desató una gran persecución a los judíos, la peor desde 1938. Queríamos huir hacia la costa con la esperanza de tomar un barco a Suecia o Islandia, pero unos jóvenes, apenas unos chiquillos, nos interceptaron, me quemaron la barba para divertirse y me dieron una paliza. La policía no hizo nada… bueno, al final nos detuvo a nosotros por disturbios públicos. Me soltaron, pero mi familia ha sido enviada a un gueto en Polonia. Le pareceré un cobarde… tal vez, debería haber dejado que me enviasen a mí también, pero decían que era demasiado viejo.

Me acerqué al hombre y lo abracé entre lágrimas.

—No es ningún cobarde; es un valiente por sobrevivir y poder contarlo.

Ya no teníamos teléfono, por lo que mi hermana fue en bicicleta hasta la casa de Nellie y ella envió a uno de sus hijos para que, al día siguiente, Willem nos enviara a alguien para ayudarnos.

Aquella noche, mi padre tomó su vieja Biblia, la que usaba para los devocionales, y leyó el Salmo 133:

Mirad cuán bueno y cuán delicioso es
Habitar los hermanos juntos en armonía!

Es como el buen óleo sobre la cabeza,
El cual desciende sobre la barba,
La barba de Aarón,
Y baja hasta el borde de sus vestiduras;
Como el rocío de Hermón,
Que desciende sobre los montes de Sion;
Porque allí envía Jehová bendición,
Y vida eterna.

El hombre levantó la vista por primera vez, como si aquel texto le hubiera devuelto la hombría perdida.

—Gracias por considerarse mi hermano —susurró.

—Dios es quien nos ha hecho hermanos —le contestó mi padre.

Después, nos fuimos a acostar. Sentía mi corazón rebosando de amor, pero también de temor. Habíamos cruzado una línea peligrosa. Si ayudábamos a la gente a la que perseguían los nazis, seríamos considerados traidores y asesinados o enviados a un campo de concentración.

Dios mío, tú sabes que te amamos y que haríamos cualquier cosa por ti. Gracias por permitirnos ayudar a los demás y entregar esta casa a tu servicio, dije en una breve oración. Afuera, todo parecía tranquilo, como si nuestra monótona vida de provincia no hubiera cambiado gran cosa, aunque ya todo era distinto. La sombra del mal que se había extendido por toda Europa también había llegado a nuestra puerta, y ahora debíamos enfrentarnos a ese mal o perecer.

No me consideraba ninguna heroína. Éramos dos solteronas y un anciano enfrentándose al ejército más poderoso y terrible de la historia. En ese momento, desconocíamos que no estábamos solas, que muchos buenos holandeses habían decidido unirse a ese batallón de desesperados.

CAPÍTULO 4

Clandestinos

HAARLEM ES DE ESE TIPO de lugares en el que todos se conocen y no se puede guardar un secreto. El río Spaarne atraviesa la ciudad y nos trae la brisa del mar. En el interior, la ciudad de Ámsterdam parece engullir todo, aunque para mí siempre fue un lugar excitante. Me gustaba ir de niña con mi padre todos los lunes al Observatorio Naval. Allí, él ponía su reloj en hora y tras el regreso a casa, uno a uno todos los relojes de la tienda tenían la hora oficial de los Países Bajos. Nadie más compartía aquello con mi padre, por eso me sentía tan especial, como si él quisiera dejarme en herencia el negocio familiar y así convertirme en la tercera generación de relojeros. Tal vez por eso fui a la universidad y estudié el oficio, no tanto con el afán de ser la primera mujer que lo hacía, sino más bien con el deseo de mantener viva aquella tradición familiar. Algunos piensan que las personas conservadoras somos cobardes, que nos resistimos al cambio y nos anclamos en viejas tradiciones, pero hay que ser muy valiente para saber cuál va ser tu vida en los próximos cuarenta años y no desalentarse.

La generosidad de mi padre había llevado a la tienda a una situación difícil. Entre el dinero que prestaba a todo aquel que se lo pedía y el que no cobraba a muchos clientes, prácticamente sobrevivíamos por los ahorros que mi madre había logrado reunir mientras vivía. Dicen que una familia feliz se compone de un hombre valiente, una mujer juiciosa y un hermano mayor benévolo. Yo había tenido los tres modelos, pero eso no evitaba que sintiera mis debilidades y me preguntara si estaba recorriendo el camino correcto.

Peter regresó al día siguiente acompañado de mi hermano. Peter era uno de mis sobrinos favoritos, un gran músico y, sobre todo, uno de los jóvenes más valientes que he conocido jamás.

En cuanto Willem atravesó la puerta, temí que nos fuera a regañar por arriesgarnos a ayudar a un judío en los tiempos que corrían, pero no fue así. Después de darme uno de sus interminables abrazos y mirar por toda la tienda, como si estuviera buscando su infancia, me preguntó: «¿Dónde está el hombre? Deben tener cuidado. Cualquiera puede presentarse como un refugiado y en el fondo ser un confidente de los nazis».

«En cuanto lo veas, te darás cuenta de que no cabe mucha duda», contesté.

El hombre mayor se acercó a mi hermano y, apenas este vio su cara quemada, tuvo que contenerse para que no se le saltaran las lágrimas. Era uno de los miembros más sensibles de la familia, tenía el corazón de mamá, siempre dispuesto a darse a los demás. De hecho, había dejado una prometedora carrera como teólogo y pastor para abrir un centro para mayores y refugiados.

La mirada de mi hermano no me dejó lugar a dudas. Le recordaba demasiado a otro caso parecido de antes de la guerra, cuando nos trajo a casa a un hombre llamado Herr Gutlieber. Habían pasado más de tres años, pero todos teníamos en la mente ese momento.

—Lo llevaremos a un lugar seguro. Suba a su cuarto, por favor.

Mi hermano me pidió que reuniera al resto de la familia y nos sentamos todos en la mesa de la cocina.

—Imagino que ya saben que ayudar a la resistencia es muy peligroso. El castigo en muchos casos es la vida o, como poco, la detención y la tortura. No son personas fuertes.

Betsie pareció indignarse, y le contestó:

—No creo que tú seas mucho más fuerte. Eres un clérigo de la iglesia holandesa.

Willem sonrió. Aquel comentario se lo había tomado como un halago.

—El caso es que, por su seguridad y la de las personas que ayuden, tendrán que conocer ciertos protocolos, entrenarse en ciertas cosas. Llevamos más de un año de ocupación y las cosas se están poniendo cada vez más difíciles, especialmente para los judíos.

Eso me hizo recordar uno de nuestros paseos de unos días antes. Vimos a un grupo de judíos, la mayoría de origen extranjero, empujado por los nazis para que se subieran en unos camiones. Hombres, mujeres y niños siendo tratados peor que bestias. De hecho, mi padre había mirado con cierta piedad a los alemanes y había dicho muy serio: «Corrie, me temo que esos alemanes están despertando la ira de Dios».

—Los nazis y sus colaboradores neerlandeses son despiadados, de eso no les quepa la menor duda.

Entonces, me vino a la memoria la visión del carromato con los caballos negros en los que los alemanes nos montaban a todos. Intenté quitarla de mi cabeza, pero aquella idea me torturaba. ¿Estaba dispuesta a sumergirme en la mayor oscuridad que el mundo ha conocido?

—Llevo mucho tiempo ocultando a judíos en la residencia. Para ello, debo hacerme de papeles, cartillas de racionamiento, cambiar su identidad y tener un plan de fuga. Nada sencillo, como podrán imaginar.

Mi padre lo miró con cierta satisfacción, pero Betsie estaba asustada.

—¿Qué les sucedería a tus hijos si los nazis lo descubren?

—¿Nuestras vidas son más valiosas que las de esos refugiados? Esa es la pregunta correcta. Claro que los amo más que a un desconocido, pero nuestras vidas no son más valiosas que las suyas.

—Lo entendemos —le contesté con cierta agresividad, como si me estuviera irritando la conversación, aunque lo que realmente me sucedía era que estaba nerviosa.

—¿Están decididos a ayudar?

Los tres respondimos afirmativamente.

—Yo lucharé con mis pastelitos y el café, aunque cada vez sabe peor y es más escaso —afirmó Betsie.

—Yo soy un viejo relojero —acotó mi padre—, pero intentaré dar algo de paz y sosiego a sus almas con la ayuda de nuestro Señor.

A mí no se me ocurría qué decir, pero al final, levanté la barbilla y dije:

—Me tocará organizar todo, como siempre, ese es mi papel y, como parezco la menos espiritual de todos, cuando las cosas se pongan tensas, daré la cara por todos.

Willem me sonrió. Yo sabía que era su favorita y que también conocía mi corazón. Detrás de mi fachada recta, había una persona dulce y tierna que no se atrevía a asomarse.

—En unos días, los pondré en contacto con alguien. No se fíen de nadie que no conozcan, por más que diga que lo envía la resistencia.

—Entonces, ¿ya somos miembros de la resistencia? —preguntó Betsie, sorprendida.

—Sí, querida —le contestó Willem y, como unos tontos, nos echamos todos a reír.

Unos días más tarde, escuchamos los pasos acompasados de decenas de botas militares. Me asomé por la ventana y vi a los soldados con su cascos calados y aquella mirada fiera que ponían cuando iban a hacer alguno de sus atropellos. Llamé a Betsie y las dos nos quedamos observando todo lo que sucedía. Otra de nuestras labores era informar lo que veíamos.

Los nazis estaban mirando los números de nuestra calle y se paraban en algunas casas y tiendas. No nos sorprendimos cuando lo hicieron justo en la del peletero Weil.

«¿Qué hacemos?», preguntó Betsie.

«¡Vamos afuera!».

La calle estaba desierta. Nadie se atrevía a enfrentarse a los nazis y la mayoría prefería mirar para otro lado.

Vimos cómo el señor Weil salía caminando hacia atrás y después a un alemán que le apuntaba en la barriga con su pistola.

«No haga ninguna tontería», le advirtió. Después, volvió a meterse en el establecimiento del que salían el sonido de cristales rotos, telas rasgadas y un fuerte olor a sudor y perfume.

«¿Dónde está la señora Weil?», le pregunté, pero el hombre no dejaba de mirar su tienda, que era todo lo que tenía en el mundo.

La ropa de cama, las camisas y los vestidos comenzaron a volar desde la ventana del primer piso; toda la intimidad de aquel hombre estaba al descubierto, como si estuvieran disfrutando mientras violaban su propia alma.

Lo llevamos a casa y Betsie le preparó una infusión.

—¿Qué vamos a hacer? —preguntó mi padre, mientras dejaba al anciano judío tomando la tila.

—Tenemos que llamar a su esposa para que no regrese a casa, y a Willem para que esconda a este pobre hombre.

Betsie me miró y dijo que sabía de un teléfono para avisar a la señora, pero yo tenía que tomar una bicicleta, ir hasta la casa de mi hermana Nellie y pedir a uno de sus hijos que fuera hasta el gran hogar de ancianos.

Peter se ofreció de inmediato. A las pocas horas, vi a Kik, uno de los hijos de mi hermano, le entregué la dirección donde se había ocultado la esposa del señor Weil, y este me dijo:

—Me llevaré al señor Weil. No podemos arriesgarnos a que los nazis vengan por él. Acabarían todos en la cárcel.

—Pero están a punto de dar el toque de queda —le contesté. Eran las nueve, y los nazis habían adelantado una hora la prohibición de moverse por las calles y caminos de Holanda.

—No importa; conozco un camino poco vigilado. Tú ora por nosotros.

Los dos se perdieron en la oscuridad y a mí casi se me sale el corazón del pecho. Aquella había sido nuestra primera misión y parecía que la habíamos cumplido con éxito.

CAPÍTULO 5

El hombre sin perros

A PESAR DE NUESTRA ENTRADA en la clandestinidad, continuamos con nuestros paseos por las tardes. A mi padre le venía bien salir de casa y dos personas mayores no llamaban demasiado la atención en una ciudad como Haarlem. Nuestra vida era más emocionante que antes, pero también más peligrosa. Aun no habíamos tenido la reunión con nuestro enlace, pero las cosas parecían empeorar por momentos. Cada vez había más medidas de racionamiento y los nazis comenzaban a necesitar mano de obra esclava para ocupar los puestos que dejaban los millones de hombres que tenían que luchar en los diferentes frentes. Que la guerra se alargase podía parecernos una mala noticia, pero sabíamos que en el fondo era muy buena. Los nazis parecían imparables, pero los rusos habían terminado con su buena racha, los ingleses lograban resistir de una forma pírica y los norteamericanos acababan de entrar en la guerra y cada vez ayudaban a los aliados de manera más descarada.

Todas las tardes, en nuestros paseos, veíamos a un hombre al que yo llamaba burlonamente «el *bulldog*», por sus mejillas caídas, y siempre iba paseando sus perros. Aquel día caminaba con paso rápido, pero sin sus animales. Siempre lo saludábamos cuando nos cruzábamos en el camino, pero jamás habíamos hablado. Decidimos seguirlo. El hombre caminó hasta una pequeña tienda de artículos de segunda mano, entró y nos quedamos en la puerta sin saber qué hacer.

—Será mejor que nos marchemos —le dije a mi padre.

—Algo le pasa.

—No nos ha pedido ayuda. En el fondo, es un total desconocido.

Mi padre asintió con la cabeza, pero sabía que con aquel gesto me estaba diciendo que debíamos actuar.

Llamamos a la puerta de la tienda, entramos y me sorprendió ver tantas cosas hermosas concentradas en tan poco espacio. Pensé en invitar a mi hermana un día a echar un vistazo en la tienda, ya que era una apasionada de la decoración.

—Disculpe que lo molestemos —dijo mi padre al sorprendido tendero.

El hombre abrió mucho los ojos. Sin duda, nuestras caras le resultaban familiares.

—Me llamo Casper ten Boom y esta es mi hija Cornelia.

—Encantado —dijo el hombre, aún con la sorpresa brillando en sus ojos.

Mi padre esperó a que el hombre se presentara, sin dejar de sonreír.

—Mi nombre es Harry de Vries.

—Perdone que lo importunemos, pero hoy nos chocó no verlo con sus perros; son tan hermosos esos *bulldogs*.

El hombre pareció empequeñecerse de repente. Sus ojos se hundieron y atinó a decir:

—Están muertos.

—¿Muertos? —le pregunté, conmocionada.

—Sí, esta misma mañana les di una medicina para que no sufrieran.

—¿Por qué ha hecho algo así? —le pregunté, algo enfadada.

—Señorita, yo soy judío. Por ahora, me he librado de la deportación porque mi esposa es cristiana. Yo me convertí hace unos años, pero eso no les importa a los nazis. Ellos no persiguen una religión, persiguen a una raza que desean exterminar para siempre. ¿Qué habría pasado con mis pobres perros? Habrían visto que no regresábamos y habrían muerto de hambre y tristeza.

Aquellas palabras me dejaron profundamente conmovida. Hasta los animales sufrían las consecuencias del mal que producían los hombres.

—Querido señor, nos haría un honor si nos acompañara en nuestros paseos.

—Eso sería muy peligroso, los podrían detener por rebeldía, pero podríamos visitarlos cuando caiga la noche, para que no tengan problemas.

A la noche siguiente, nuestro nuevo amigo se presentó con su tímida mujer. Mientras mi padre y aquel hombre discutían temas teológicos o miraban la colección de libros judíos que estábamos guardando a los rabinos de la ciudad, nosotras intentamos que la pobre señora olvidara sus pesares.

Unos días más tarde, visité a otro médico que se encontraba en una situación parecida. Cada vez quedaban menos familias judías en la ciudad, y también se reclutaba a jóvenes para el frente ruso o los equipos de trabajo forzoso.

Tras mi visita al médico Heemstra, me puse de rodillas en mi habitación y le pedí a Dios que me usara para ayudar a su pueblo Israel. A pesar de que Su pueblo no había aceptado a nuestro Señor, Él seguía amándolo y bendiciendo a aquellos que lo cuidaran y protegieran. Él lo había prometido en Su Palabra, y estaba convencida de que la persecución a los judíos era una de las cosas que terminarían con los nazis.

Me quedé dormida de rodillas, y tuve aquella terrible visión del carro negro en el que nos montaban para sacarnos de Haarlem. Dios no iba a pedirme un sacrificio tan grande sin avisarme que las consecuencias podían ser terribles.

Te ofrezco mi vida por completo; no temo qué puede hacerme el hombre. Me cuidarás como a la niña de tus ojos y me mantendrá tu diestra. Lo único que te pido es valor, fuerza y amor, mucho amor.

Tras mi oración, sentí una paz inexplicable. Estaba convencida de que nuestro deber era hacer algo. No juzgaba el comportamiento del resto de la gente, incluso el de muchos clérigos que no querían meterse en líos, pero me sentía como los primeros cristianos antes de ser arrojados a los leones. No estaba dispuesta a negar mi fe jamás.

CAPÍTULO 6

Una canción

Velsen, 10 de mayo de 1942

EL TIEMPO HABÍA PASADO MUY deprisa y, a la vez, sentíamos como si se hubiera detenido y estuviéramos pasando un gran paréntesis en nuestras vidas. No podíamos acostumbrarnos a la presencia opresiva de los alemanes, tampoco a la mengua continua de nuestras libertades, pero lo que más nos dolía era que estuvieran robándonos nuestros valores y principios. Ahora se había prohibido tocar o cantar el himno nacional. El plan de Hitler era integrar a nuestro país como una parte más del Tercer Reich, asimilarnos poco a poco, haciendo que desaparecieran nuestro idioma y nuestras costumbres. Ya lo habían intentado los españoles siglos antes, pero habíamos logrado expulsarlos de nuestras fronteras.

Peter estaba iniciando una pequeña carrera como cantante y pianista. Aquel domingo, le habían pedido que tocara en la Iglesia Reformada Holandesa en la ciudad. La primavera parecía resistirse a la desoladora guerra: las flores bordeaban los caminos, crecían libres por todas partes y el calor parecía anunciar la próxima llegada del verano, después de un invierno terrible en todos los sentidos. Todavía ayudábamos de forma esporádica a la resistencia, pero mi hermano me había avisado que en breve recibiríamos instrucciones.

Todos estábamos vestidos de domingo. Nos cruzamos a varios soldados alemanes antes de pararnos enfrente de la imponente iglesia. En su interior, se encontraba uno de los mejores y más antiguos órganos del país.

El tren se había retrasado. Desde la llegada de los alemanes, ya no funcionaba con regularidad y tenían prioridad sus transportes militares. Cuando entramos en la oscura y fresca iglesia, Peter ya había comenzado a tocar el órgano. Nos costó mucho encontrar un lugar, ya que desde la invasión, las iglesias habían vuelto a llenarse; la gente buscaba en Dios algo de paz y consuelo en medio de tanta adversidad. Es uno de los defectos que tenemos los seres humanos: a veces, no acudimos a Dios hasta que se agotan todos los otros recursos y se nos olvida que Él es nuestro mejor recurso.

Peter bajó hasta nuestro banco en cuanto comenzó el sermón. Lo cierto es que no prestaba mucha atención; creía que ese tipo de cosas era para la gente adulta, pero él también necesitaba la Palabra de Dios. Muchas veces intenté explicarle que Dios quería que entregara toda su vida a Él, que ninguno de nosotros podía saber cuándo llegaría su hora y tendría que dar cuentas a su Creador. Yo había cumplido hacía poco los cincuenta años y la vida se había pasado tan rápido, aunque si de algo estaba segura era que no merecía la pena la existencia sin Dios. Entonces, comenzó la predicación:

«La fe es el único ancla en momentos difíciles como estos. Muchos piensan que la fe es creer en Dios, pero es mucho más que creer, ya que los demonios también creen en Dios. Incluso muchos usan Su nombre para atraer a otros a sus engaños. La fe es confianza, depositar todas tus preocupaciones y angustias en Él, pero sobre todo, la fe es lo que nos une espiritualmente a Jesús. Nuestro Salvador nos prometió que enviaría al Espíritu Santo para que nos consolara en momentos de adversidad. Dios siempre tiene la última palabra. No desesperemos, ya que, si confiamos, veremos de nuevo la gloria de Dios».

Todos sabíamos que detrás del sermón había un mensaje más profundo que nos animaba a resistir a los alemanes y el mal que habían traído a nuestra nación.

Estábamos orando antes de despedirnos, cuando noté que Peter se marchaba de la capilla. Unos segundos más tarde, escuché que el órgano sonaba de nuevo con toda su potencia. Al principio, no distinguí las notas, pero enseguida, como el resto de los asistentes, me di cuenta de que Peter estaba tocando el Wilhelmus.

Entonces, mi padre se puso en pie. Aquella figura disminuida por la edad, que ya había llegado a los ochenta y dos años, comenzó a cantar con tal fuerza que no tardaron en unirse la mayoría de los presentes, los cuales, imitando su gesto, también estaban en pie:

Yo soy Guillermo de Nassau
de sangre germana,
me mantendré leal a mi patria
hasta el día en el que muera.
Yo soy un príncipe de Orange,
libre e impávido,
al rey de España
siempre he honrado.
Siempre he intentado

vivir con temor a Dios
por esa razón fui rechazado
privado de tierra y pueblo,
pero Dios ha de guiarme
como a un buen instrumento,
para que retorne
a mi pueblo.

Sean pacientes, súbditos míos,
que son justos y buenos,
Dios no ha de abandonarlos
aunque ya están sobrecogidos.
Quien intente vivir en piedad
debe orar a Dios noche y día,
para que Él me pueda dar fuerza
para que yo pueda ayudar.

No salvé mi vida ni mis posesiones,
mis hermanos de altos nombres,
también lo han demostrado:
el conde Adolfo se quedó atrás
en Frisia en la batalla,
él ha de esperar el día más joven
de la vida eterna.

Tú eres, Dios mi Señor,
mi escudo y confianza
deseo construir ante ti.
Nunca me dejes otra vez,

para que pueda mantenerme piadoso
y ser tu sirviente por siempre,
y alejar la tiranía
que hiere mi corazón[1].

Todo el mundo tenía lágrimas en los ojos cuando terminó el himno, habíamos cantado más con el alma que con nuestros labios. Sentíamos cada palabra y lo hacíamos como si aquel hermoso coro pudiera devolvernos la libertad. Y, en cierto modo, durante aquellos minutos, todos fuimos libres de nuevo. En aquel aniversario de nuestra derrota frente a los nazis, nos sentíamos por primera vez vencedores.

Nadie pensó en las consecuencias, ya que la prohibición que los nazis habían impuesto sobre nuestro himno era seria, y ellos nunca amenazaban en vano.

Peter se paró en una de las puertas laterales y casi todos los feligreses se pararon a felicitarlo por su valentía. Apenas se me pasó la efervescencia del momento, me di cuenta de lo peligroso de su comportamiento. Su juventud lo convertía en alguien impulsivo. Cuando somos jóvenes, nos sentimos eternos.

Los nazis tenían espías en todos lados y no tardarían en enterarse de lo que había sucedido y de quién era el que había tocado el himno. Después, me preocupé por mi hermana Nollie. Los nazis podían detener a su hijo e incluso cerrar la escuela de su esposo Flip. Todo por un minuto pasajero de pasión.

---

1 Traducción libre y parcial del Himno Nacional de los Países Bajos. Fue dedicado a Guillermo de Orange por Philips van Marnix, en el contexto de la persecución del Imperio español a los protestantes holandeses.

Nadie pareció percatarse de mi enfado. Cuando llegamos a su casa, todos lo recibieron como a un héroe, aunque yo seguía preguntándome si no eran capaces de ver las consecuencias de lo ocurrido. Las únicas que se asustaron fueron las dos mujeres judías que tenía escondidas.

«Ha sido un acto muy imprudente de tu parte», dijo Katrien, la anciana austríaca que Willem había llevado a la casa de Nollie.

Annaliese también se sumó a su disgusto: «No saben de qué son capaces los nazis».

El resto le quitó importancia y, como aquel día no sucedió nada ni en los dos días restantes, todos pensaron que los nazis no se habían enterado o lo estaban pasando por alto.

El miércoles por la mañana, mientras estábamos preparándonos, llegó gritando una de las hermanas de Peter, Cocky.

«¡Tía, han venido por Peter y se lo han llevado!».

Aquella frase corta me destrozó el corazón. Era uno de mis sobrinos preferidos, aunque imaginaba que hubiera sentido lo mismo por cualquiera.

«¿Adónde se lo han llevado?», le pregunté, dejando todas mis herramientas sobre la mesa.

«No lo sabemos, aunque imaginamos que a Ámsterdam».

Pasaron dos semanas antes de que las cosas se pusieran peor. Estábamos a punto de recibir una visita inesperada que iba a cambiar nuestras vidas para siempre.

CAPÍTULO 7

Las cartillas

SIEMPRE QUISE SER MADRE. AHORA que muchas personas ponen por delante su vida profesional, tal vez como muchos hombres han hecho a lo largo de la historia, creo que Dios nos regaló la maternidad para que comprendiéramos cómo es Él. Si alguien nos ama con amor infinito es Dios, que entregó lo que más amaba para pagar por todos nosotros. Cuando fui consciente de que no podría ser madre, sentí un profundo hueco en mi corazón. Sé que a algunas de mis tías no les había sucedido lo mismo, pero yo anhelaba criar a mis propios hijos. Por eso, lo que sucedió dos semanas después de la detención de Peter me hizo estremecerme, como si todo el horror que había visto hasta aquel momento no fuera nada comparado con el que me tocaría ver todavía.

Aquel día había sido agotador. Quedaban cinco minutos para que empezara el toque de queda que, en muchos sentidos, regía nuestra vida cotidiana. Aquel año de 1942 parecía detenerse y, aunque aún estábamos en primavera, el calor no tardaría mucho en llegar.

Escuchamos el timbre de la puerta y los tres nos miramos extrañados. A aquellas horas, no había visitas. Betsie estaba con su costura y mi padre guardando sus relojes, la gata estirándose como si se preparara para dormir y yo dejando que la noche me diera una excusa para irme a descansar.

Bajé hasta la tienda y miré a través de la puerta de cristal; parecía una figura femenina. Abrí y contemplé una extraña silueta. Llevaba una maleta en la mano, un abrigo demasiado pesado para la primavera y un velo que le cubría el rostro. Me pareció como un espectro que se presentaba frente a mí para atemorizarme.

—¿Puedo pasar? No quiero que la policía o la Gestapo me detengan.

—Claro, por favor —dije mientras le cedía el paso. Apenas se había parado en la tienda envuelta por las sombras cuando se presentó.

—Me llamo Kleermaker y soy judía.

—Por favor, acompáñeme —le contesté mientras nos dirigíamos al comedor.

—Esta es la señora Kleermaker —dije a mi familia, mientras miraban con curiosidad a la desconocida.

—¿Quiere tomar un té? —le preguntó la buena de Betsie, pero no esperó la respuesta, y comenzó a prepararlo mientras la mujer se sentaba sin soltar su pequeña maleta.

Mientras mi hermana se esforzaba por hacer un té insípido, la mujer comenzó a contarnos su historia.

—Mi esposo fue detenido hace unos meses, mi hijo está escondido, pero esta mañana el S.P., la policía política, me ordenó que cerrara la tienda. En cuanto se fueron, lo hice y no he parado hasta llegar aquí. Una persona me dijo que podrían darme cobijo.

—El pueblo de Dios siempre será bienvenido en esta casa —dijo mi padre de una forma solemne pero sincera.

—Tenemos cuatro camas libres. Puede escoger la que más le guste —acotó Betsie, y después añadió:— ¿me ayuda con las tazas y los platos?

La mujer se prestó enseguida a echar una mano, y mi hermana se mostró tan dulce y atenta que me conmovió su cuidadoso cariño.

Un par de días más tarde, justo antes de que sonara el toque de queda, volvió a sonar la puerta. Era una pareja de ancianos, que habían pensado en ocultarse después de ver cómo se llevaban a dos vecinos suyos detenidos.

Aquella noche, estuvimos seis en nuestra pequeña meditación bíblica. Cuando nuestros nuevos invitados se fueron a descansar, llamé a mi padre y a Betsie.

—Es peligroso refugiar a gente tan cerca de la comisaría. Vivimos en una calle principal, y creo que ha llegado el momento de que le pidamos consejo a Willem, que sabe más sobre estas cosas.

A la mañana siguiente, me dirigí a Hilversum. Era un viaje incómodo, pero hacía tiempo que no veía a mi hermano y eso al menos me ilusionaba.

Willem dejó de atender a los ancianos, que parecían vivir fuera de la realidad de aquel mundo que no entendían, y comenzamos a pasear por el hermoso jardín de la casa grande.

—¿Sabes la paz que transmite este jardín a los ancianos? Es como tener un pequeño paraíso en la tierra. Las flores y los árboles pueden devolver algo de paz a un alma torturada.

—Tenemos un problema, aunque podríamos decir que es un bendito problema. Estamos ocultando a tres personas en nuestra casa.

Mi hermano me miró sonriente.

—¿No es eso lo que querías?

—Sí, pero ya sabes que la comisaría está al lado y tenemos miedo de que nos descubran. Quería pedirte consejo.

—Bueno, mientras sea consejo… no nos queda sitio para ocultar a nadie, la comida escasea y en los pocos lugares que reciben gente no admiten a nuevos sin cartillas de racionamiento.

—Pero los judíos no reciben cartillas de racionamiento.

—Lo sé, hermanita. Ese es el problema. Es sencillo falsificar un carnet de identidad, pero imposible hacerlo con las cartillas, que se modifican constantemente.

—¿Cómo podemos conseguirlas?

Mi hermano frunció el ceño y me dijo sin titubear:

—Se roban; no hay otra forma.

Jamás había robado nada, tampoco nadie de mi familia, pero sin duda estábamos viviendo en tiempos peligrosos.

—¿Podrías conseguirnos tres?

—No, hermanita. Es peligroso que tengamos mucho contacto; estoy vigilado. Tendrás que encontrar la forma de hacerte con ellas. Tienes que crear tus propias fuentes.

—Soy una mujer de mediana edad que jamás ha salido de su pueblo.

—Los tiempos excepcionales nos piden esfuerzos excepcionales.

Mientras regresaba a casa en un tren atestado de gente, no podía dejar de pensar en las palabras de Willem. Conocía a mucha gente en Haarlem, pero ¿a quién podía pedirle algo así?

Mientras recorría los últimos metros hasta casa, tuve una especie de revelación: Fred Koornstra. Era un contador eléctrico, que tenía una hija con retraso mental a la cual yo había cuidado muchas veces. Ahora, Fred trabajaba en el Departamento de Alimentos de la ciudad. Debía hacerle una visita. Sin duda, él debía tener acceso a las cartillas de racionamiento.

Después de cenar, tomé mi destartalada bicicleta que ya no tenías llantas, como la mayoría de las que había en la ciudad, y me planté en la casa de Fred.

En cuanto me abrió la puerta, comprobé que no había cambiado mucho, pero tenía dudas; no sabíamos quién podía ser un espía de los nazis. El hombre me dejó entrar y después de que nos sentamos en el salón, me preguntó directamente:

—¿Por qué has atravesado la ciudad para venir a verme?

Dudé un momento, pero al final, me arriesgué.

—Hemos recibido unas visitas inesperadas en casa: una mujer y una pareja de ancianos.

El hombre me miró con curiosidad.

—Son judíos.

—Se les puede buscar un lugar más seguro, pero necesitamos cartillas de racionamiento.

—¿Por eso has venido aquí?

—Sí. No sabía a quién acudir. ¿Puedes conseguirlas?

—No. Los nazis las tienen controladas; las cuentan de diferentes maneras. Es imposible sustraer ninguna, lo siento.

Me quedé muy decepcionada y estaba a punto de irme, cuando añadió:

—A menos que se produzca un robo… el Departamento de Alimentos de Utrecht sufrió un robo el mes pasado.

—¿Es posible hacer algo así?

—Sí, conozco a la persona ideal.

—No me digas el nombre —le pedí—. Solamente, hazlo.

—¿Cuántas necesitas?

Lo pensé un segundo. Iba a decir cinco, pero escuché cómo mis labios decían: «cien».

CAPÍTULO 8

Algunos cambios

ME SENTÍA COMO UNA VERDADERA espía, de esas que salían en las novelitas que se vendían en los quioscos de periódicos antes de la guerra. Lo que había pasado con Fred me había convencido de que era posible crear una pequeña red de resistencia para reunir las cosas básicas y ayudar a la gente que se escondía de los nazis. Caminaba por las calles con la barbilla en alto, orgullosa de poder hacer algo por mi país, pero enseguida Dios me enseñó una lección.

Aquella tarde, Fred había quedado que llegaría a las cinco y media de la tarde. Poco después cenábamos, por lo que no era muy habitual que entrasen clientes después de las cinco, pero justo aquel día sonó la campanilla. Los ayudantes de mi padre ya se habían marchado… bueno, *el* ayudante, porque uno de los más veteranos había fallecido hacía poco.

Me dirigí al mostrador y vi a un hombre de pelo corto y rojizo; lo reconocí vagamente ya que había estado en la fiesta del centenario de la relojería unos años antes. Soy muy buena reconociendo caras, pero con los nombres no soy tan buena. Sin embargo, lo que me erizó los pelos de la nuca fue su uniforme de policía. Hasta ahora, la mayoría de los policías se habían comportado con cierta nobleza, pero muchos otros colaboraban con los nazis. Los ocupantes, desesperados por encontrar a los judíos que se ocultaban en casas particulares y granjas, habían puesto precio a su cabeza, como si se tratara de cazar alimañas. Además, la mayoría de los que habían sido encerrados en el teatro de Ámsterdam habían sido enviados a campos de concentración en nuestro país o en Alemania.

Rolf dejó un reloj en el mostrador y me miró fijamente.

—Creo que necesita una limpieza —me dijo.

Aquello me tranquilizó un poco, pero sabía que Fred no tardaría en llegar.

—Sí, claro —contesté algo nerviosa. Metí el reloj en una bolsita de terciopelo verde, até con una cuerda un pequeño cartelito y le entregué el recibo al hombre. Me temblaba todo el cuerpo, aunque creo que el hombre no se dio cuenta.

Fred vio al policía al entrar y nos saludó con total indiferencia, entró en la trastienda, le dijo algo a mi padre y después se despidió, salió a la calle y se marchó silbando.

El policía me miró un instante y después me preguntó:

—¿Cuándo paso para recogerlo?

—En dos días —le dije como despertando de un largo sueño. Mi mente intentaba recuperar el control de mis emociones.

—Está bien, buenas tardes.

En cuanto el hombre se marchó, me di cuenta de que debíamos emplear una serie de códigos para advertir que había algún peligro.

Unos días más tarde, la señora Koornstra y la pareja de ancianos pudo esconderse en un lugar más seguro, pero enseguida llegaron otros ocupando su lugar.

Una de aquellas tardes tranquilas, cuando no venía tanta gente a tomar café o recibir un poco de consuelo de mi padre, Betsie y yo tuvimos una larga conversación.

«Somos muy conocidos aquí en la Beje, además de en el resto de Haarlem. Debemos crear una especie de red de asistencia —por ejemplo, comadronas por si nos llegan mujeres embarazadas—, una lista con médicos en los que podamos confiar si se enferman o si necesitamos cambiar algo en el registro».

«Pero ¿cómo podemos saber si están a favor de los nazis?».

La pregunta de mi hermana era lógica. Nosotras éramos demasiado inocentes para pensar mal de las personas. Nos habían enseñado a ser confiadas y benignas. Ahora, debíamos desconfiar de todos, al menos al principio.

«Escribe una lista, me la enseñas, la comparamos con la mía y después las destruimos. No podemos dejar nada por escrito».

Betsie se retiró a su cuarto y una hora más tarde, llegó con sus nombres. Me sorprendió que se parecían muchos a los de la mía, pero entre las dos, había casi cuarenta personas.

Unos días más tarde, me enteré de que nos permitirían ver a Peter. Mis hermanos me dijeron que se trataba de una trampa, pero yo les contesté que era su tía y nadie sospecharía de alguien así.

Me dirigí a Ámsterdam. Aquella ciudad nunca me había gustado, pero desde la llegada de los nazis, aún menos. Podía verse la degeneración en casi cada calle, pero cerca de la sede de la policía todo parecía más tranquilo.

Un agente con un gran bigote me pidió que me inscribiera en el registro y, tras hacerme esperar más de una hora, al final me llevaron a una sala pintada toda de blanco, con una mesa desportillada y dos sillas en el centro.

Me quedé mirando la otra puerta un rato. Después apareció Peter, agarrado por el brazo por un policía. No podíamos tocarnos, pero di un respingo y le mostré mi mejor sonrisa.

—¿Cómo estás?

—Bueno, tía, como comprenderás, muy mal.

Su rostro estaba amoratado, los ojos hinchados, un labio roto.

—Dios siempre nos cuida.

Pensé que me iba a soltar alguna de sus frases ocurrentes, como hacía cuando mencionaba en una frase a Dios, pero vi como se le saltaban las lágrimas.

—¿Puedes creer que he tenido que estar aquí dentro para escuchar Su voz? —me dijo—. Afuera, siempre ha habido mucho ruido. En este lugar terrible, en medio del dolor y el miedo, he podido escucharlo claramente.

—Me alegro mucho, Peter.

—He recordado mucho el Salmo 90. Me he dado cuenta de que Dios ha sido nuestro refugio de generación en generación. Ahora ya no quiero hacer nada por odio o revancha; quiero hacerlo por puro amor. Incluso he orado por mis carceleros.

—Te pareces a tu abuelo.

—Para mí sería un honor, te lo aseguro.

Aquellas palabras llenaron mi corazón de emoción. Si algo deseaba en este mundo era ver a mis sobrinos cerca de Dios. Les había tocado nacer en una época terrible, pero al mismo tiempo real, donde el mal podía palparse en cada esquina.

—Saldrás pronto y podrás continuar tu labor; ten confianza.

Nos dimos la mano unos segundos y el policía no dijo nada.

—Quiero que sepas, tía, que todos tus consejos y regañinas también han servido para acercarme a Dios.

Salí de la sala con lágrimas en los ojos pero el corazón gozoso. Dios seguía haciendo grandes cosas en medio de tanta adversidad.

Unos días más tarde, estábamos preparando las camas para una madre y sus tres hijos cuando sonó el timbre. Pensé que eran ellos, aunque ya había sonado el toque de queda, y bajé lo más rápido que pude por las empinadas escaleras. Mis rodillas ya no soportaban mi peso con tanta ligereza, y eso que había perdido bastante peso.

Al abrir, vi en la oscuridad a mi sobrino Kik.

«Ponte un jersey y sígueme con la bicicleta», me dijo.

«Ya ha sonado el toque de queda», le contesté, algo asustada.

«He puesto unos paños en tus ruedas, nadie nos oirá».

Nos alejamos por las callejuelas casi a oscuras. Debido a los cortes de suministro y al miedo a los bombardeos, en cuanto llegaba la noche, todo desaparecía bajo un pesado manto negro. Cruzamos el canal y, cuando me di cuenta, mi sobrino me estaba llevando a uno de los barrios más exclusivos de Haarlem, Aerdenhout.

Seguimos por una cubierta de árboles, pasamos por una verja y entramos en un amplio jardín. A los pies de una escalinata, había decenas de bicicletas.

Entramos en la casa y salió a recibirnos Pickwick, un viejo amigo que hacía tiempo que no veía. Entramos en el primer salón y vi pequeños círculos de gente distinguida que charlaba amigablemente. Me sorprendió aquella fiesta después del toque de queda y sus trajes suntuosos, pero lo que me quitó el sentido fue el olor a café de verdad y los pastelitos. Llevábamos casi tres años sin probarlos. Noté cómo la boca se me hacía agua; no podía dejar de mirar las bandejas.

Pickwick debió verme la cara porque me ofreció un café, además de terrones de azúcar. Me lo sirvió en una taza de plata y, al darle el primer sorbo, casi se me saltaron las lágrimas. Pasó una camarera con cofia y una bandeja repleta de pasteles, y tomé todos los que me entraban en una mano. Me guarde unos cuantos en el bolsillo para Betsie, mi padre y la gente de la casa.

Al final, Pickwick y Kik me obligaron a seguir mi camino. En el otro cuarto, me presentaron a una mujer a la que llamaron la señora Smith.

—En la resistencia, todos usan ese apellido. Es mejor que no conozcamos los nombres de los otros para que no podamos delatarlos en caso de ser atrapados.

Al ver a toda esa gente, me di cuenta de que la resistencia existía de verdad, que no éramos un pequeño grupo de locos intentando salvar a gente desesperada. Aquella mujer era el enlace con Inglaterra para salvar y enviar de vuelta a casa a los pilotos que caían en los Países Bajos.

—Admiramos mucho su trabajo —dijo uno de los hombres.

El resto asintió con la cabeza.

—Cornelia es la cabeza de una operación de salvamiento de judíos en Haarlem; está haciendo un trabajo increíble.

Todo el mundo me saludaba y se ofrecía a ayudarme en caso de necesidad, aunque no sabía bien a qué se dedicaban ni en qué podrían ayudarme.

Tras aquel baño de fama, al que no estaba acostumbrada, nos acercamos a un hombre pequeño, de baja estatura y cara sonrosada.

—Señora, me han dicho que su casa no tiene una habitación secreta. Es muy importante tener una por si los nazis o la policía hacen una redada.

Aquel comentario me dejó algo aturdida.

—¿Una habitación secreta?

—Sí, disimulada tras una pared, para que se escondan las personas que tiene en casa.

—No sabía que…

—No se preocupe, nosotros la construiremos.

—¿Construirla? ¿Dónde?

—Debo visitar su casa cuanto antes.

—Siempre será bienvenido.

—Esta semana, sin falta —me contestó.

Después, mi sobrino Kik me tomó del brazo. Mientras nos dirigíamos a la puerta, me apropié de algunos pasteles más y una taza de café. Antes de que saliéramos a las escalinatas, Pickwick me dijo al oído: «Tengo buenas noticias. Pronto, su sobrino Peter será liberado».

Intenté no dar un grito en medio de la noche. Dios había escuchado mis oraciones.

El regreso a casa se me hizo más corto. Ya no tenía miedo; parecía ir como en una nube. Al llegar, saqué mis pastelitos de los bolsillos. Betsie y papá me miraron asombrados; parecía que acababa de regresar del país de las maravillas.

CAPÍTULO 9

La liberación de Peter

ES INCREÍBLE, CASI UN MILAGRO, ver cómo alguien que has tenido en tus brazos se convierte en un hombre o una mujer. Aquel milagro había sucedido hacía tiempo con Peter, el niño que parecía un virtuoso de la música. Al verlo con el traje que le quedaba ancho por la delgadez y la piel tan pálida, tuve la sensación de que había envejecido de repente, pero sobre todo, que había madurado. El encierro no parecía haberlo amedrentado en lo más mínimo; parecía que sacaba fuerzas de su fe renovada.

Sus padres y Betsie gastaron el azúcar de todo un mes para prepararle un pastel de bienvenida. Hacía mucho tiempo que no teníamos nada que celebrar. Por eso, aquel día nos pareció tan especial a todos. Sabíamos que millones de familias en el continente y otras partes del mundo estaban perdiendo a sus seres queridos, en especial a los jóvenes; por eso era una gran noticia verlo regresar sano y salvo.

«Peter, es como si hubiera vuelto a nacer —dijo el abuelo mientras se abrazaba a su nieto—. Jamás pude imaginar que te convertirías en un hombre tan valiente».

«Tú siempre has sido mi inspiración. Bueno, también mis padres, todos ustedes. Son la mejor familia que podría soñar. Dios me ha rodeado de dones, de regalos que nunca les podré devolver, aunque voy a dedicar el resto de mi vida a hacer el bien».

Nollie y Tine se abrazaron a sus hijos. Normalmente, no éramos tan expresivos. Los neerlandeses nos caracterizamos por ser francos y directos, pero a veces nos cuesta expresar nuestras emociones, sobre todo las amorosas.

Unos días más tarde, el hombre pequeñito que había conocido en la fiesta vino a casa. Se presentó como el señor Smit, mientras apretaba la mano de papá.

—Smit, conozco a muchos en Ámsterdam, no será de los de…

—El señor ha venido a inspeccionar la casa —le comenté mientras le daba la mano al hombre, que después me enteré de que era un famoso arquitecto.

—¿Revisión de edificios? Creía que teníamos todo en regla, aunque esta guerra nos está volviendo locos a todos.

—No es un inspector de edificios.

—Pero se llama Smit, ¿verdad?

—Déjalo —le contesté mientras el hombre subía por las escaleras.

Nuestra casa tenía una forma curiosa. Se componía realmente de dos edificios que habían sido unidos; por eso había diferentes alturas y una escalera estrecha para ahorrar espacio.

—Me encanta la arquitectura del barrio antiguo; ya no se hacen edificios como este. Antes, las cosas se construían para durar siglos.

Lo primero que comprobó el hombre fue el escondrijo en el que ocultábamos las cartillas de racionamiento.

—Es genial la idea de un escalón; es menos probable que los descubran.

—Muchas gracias —contesté. Me sentía una verdadera profesional del espionaje.

Después, le expliqué el sistema de avisos con el cartel de «Relojes Alpina». Lo poníamos o quitábamos si había peligro inminente.

—Yo había pensado que construyera la habitación secreta aquí —le dije, mostrándole un lugar en el que solíamos ocultar cosas valiosas, como joyas o los libros de los rabinos.

—Sería el primer lugar en el que mirarían. No se moleste en guardar estas cosas en otro sitio.

Subió hasta la última planta y, cuando entró en mi habitación, exclamó:

—Aquí sería perfecto; ese hueco podría valernos. Echaremos la pared para delante y lo disimularemos; quedará perfecto. ¿No cree?

No me gustaba demasiado que la habitación secreta estuviera en mi cuarto, pero si a aquel hombre le parecía bien, él era el experto.

—Por mí está bien —contesté, sin mucho entusiasmo.

El hombre marcó el suelo y la pared.

—Será de ochenta centímetros. Más grande sería peligroso… suficiente para seis personas. Además, la pared será de ladrillo, para que no suene hueco.

Los días posteriores fueron muy ajetreados. El arquitecto quería construir una pared de ladrillo y no de madera, para que no sonora hueco. Los albañiles debían traer los ladrillos poco a poco para no levantar sospechas. Lo mismo sucedió con el yesero, el carpintero y el pintor. Este tuvo la idea más genial. Llegó con una caja de doce botellas de leche. Cuando Betsie lo vio, se quedó sorprendida; ya casi nunca se conseguía leche. Estuvo a punto de darle un sorbo a una, pero el hombre la detuvo.

«Es pintura blanca», le advirtió.

Unos días más tarde, el arquitecto nos convocó a todos en la habitación. Nos quedamos en el umbral y miramos sorprendidos. La pared parecía tan vieja como antes, con sus salpicaduras y el aspecto cenizo que anunciaba que le vendría bien una mano de pintura. De un lado de la pared, había una estantería empotrada. El estante de más abajo era movible, y podía pasar una persona de forma cómoda. Lo probamos las dos, aunque papá no se atrevió; le dolían todos los huesos del cuerpo.

Por dentro, el espacio era suficiente para estar de pie, sentado o tumbado, aunque nadie podía quedarse allí dentro un tiempo prolongado.

«Dejen siempre algo de comida y agua dentro. El agua cámbienla cada dos o tres días. Nunca se sabe cuándo van a necesitar usarlo… esperemos que nunca».

CAPÍTULO 10

La verdad o la mentira

UNA DE LAS COSAS MÁS liberadoras del alma es la verdad. A veces, creemos que con la mentira llegaremos más lejos. Los nazis eran unos expertos en las grandes mentiras. Las veíamos en los periódicos y las escuchábamos de boca de los dueños de nuestro país. Vivíamos en el reino de la mentira, pero los cristianos no participamos de estas cosas. Esa idea me torturaba muchas veces. Para poder sobrevivir en la resistencia teníamos que engañar, mentir y, en algunos casos, robar. Sabíamos que era una guerra, pero a veces teníamos que batallar contra nuestra propia conciencia.

Una mañana en la que esta idea me torturaba, me acerqué a hablar con mi padre.

«¿Estás bien?», me preguntó al verme llegar. Mi rostro seguramente mostraba preocupación.

«Sí, pero ahora que estamos metidos de lleno en la lucha contra los nazis, me preguntó si todo vale».

Mi padre era la persona más sabia que conocía. Me miró a los ojos; su mirada ya no tenía la fuerza de la juventud, pero sí la paz de la persona que se ha puesto a cuentas con Dios.

«Siéntate —me dijo con su voz dulce, que apenas había cambiado con el paso de la edad—. David se hizo pasar por loco para que no lo matasen, Moisés ocultó cosas a Faraón y tiró las tablas de la Ley por su ira santa. Pablo, que había sido perseguidor de los cristianos, tuvo que enfrentar la hipocresía del apóstol Pedro y luchar con un aguijón en la carne. Por no hablar de Ester, Rut y otros grandes personajes bíblicos. Las Sagradas Escrituras no son historias de héroes y heroínas. Cuentan la vida de personas falibles que lucharon por ser fieles a Dios en circunstancias muy difíciles. El pueblo de Israel se ha enfrentado en varias ocasiones de su historia a la aniquilación. Nosotros lo único que estamos haciendo es intentar salvar a unos pocos. Ojalá pudiéramos hacerlo con todos. Por eso no podemos permitir que los nazis los atrapen. Ellos no son honestos y sus leyes son diabólicas; por lo tanto, no estamos sujetos a ellas. ¿Lo entiendes?».

Aquellas palabras me tranquilizaron. Por eso no entendí muy bien lo que sucedió unos días más tarde, cuando comenzó a haber redadas por toda la región.

Estábamos celebrando el cumpleaños de mi cuñado Flip en su casa. Betsie, papá y yo ya estábamos allí, pero mi hermana Nollie estaba intentado conseguir un par de zapatos para su esposo. La pareja vivía en una zona residencial muy tranquila y era uno de los pocos sitios donde lograba relajarme por completo.

Estábamos tomando un delicioso té inglés que habíamos conseguido a través de Pickwick, cuando escuchamos un portazo y aparecieron de repente Peter y su hermano mayor Bob, ambos visiblemente alterados.

«¿Qué sucede?», le pregunté preocupada. Parecía que nunca podíamos tener un momento de paz en nuestra familia.

«Los soldados están registrando las casas y no tardarán en llegar aquí».

«¿Qué podemos hacer? Que sea lo que Dios quiera», le contesté.

En la casa de mi hermana, se refugiaban dos mujeres judías, pero tenían papeles falsos. Esperábamos que los nazis no descubrieran nuestro engaño. Teníamos más miedo de lo que les pudiera suceder a mis dos sobrinos. Los nazis se estaban llevando a todas las personas capaces para trabajar en Alemania.

Levantamos una trampilla que había debajo de la mesa, ellos se metieron dentro y después colocamos de nuevo la alfombra. Colocamos varias tazas de té sobre la mesa y esperamos. No tuvimos que hacerlo mucho tiempo. Dos nazis entraron en la casa de repente y a Cocky, una de mis sobrinas, se le cayó la taza de la mano.

—¡Quietos! ¡Que nadie se mueva! —gritaron en su tono autoritario. Siempre jugaban con el miedo y la violencia.

Otros soldados recorrieron toda la casa buscando a jóvenes voluntarios o personas escondidas. El soldado parecía enfadado al ver solo a un grupo de mujeres y un anciano.

—¿Dónde están los hombres? —nos dijo el alemán con un fuerte acento.

—Estas son mis tías y mi abuelo —dijo Cocky—. Mi madre está de compras y mi padre en la escuela; es profesor.

El alemán acercó su rostro al de mi sobrina y, con un gesto de disgusto, como un perro rabioso, le dijo enseñándole los dientes:

—¡Te he preguntado dónde están los hombres, no tu maldita familia! ¿Dónde están tus hermanos?

La niña titubeó. Le habíamos enseñado que no se debía mentir.

—¿Tienes hermanos? —le preguntó el otro alemán en un tono más suave.

—Sí, tres hermanos.

—¿Qué edades tienen?

—Veintiuno, diecinueve y dieciocho el pequeño. El mayor está en la Escuela de Teología.

—¿Y los otros dos?

—Debajo de la mesa —contestó muy seria.

Nos quedamos todos helados, apretando los dientes y tensando las manos.

El alemán iba quitar el mantel, cuando Cocky comenzó a reírse a carcajadas. No sabíamos si era una risa nerviosa o si estaba disimulando.

—¿Nos estás tomando el pelo?

Los dos soldados tomaron el paquete de té y se marcharon sin mirar debajo de la mesa.

Por la tarde, celebramos el cumpleaños y mi hermana no dejaba de insistir en que Dios honraba al que decía la verdad. Yo no estaba de acuerdo. Creía que la risa nerviosa de su hija era lo que había salvado la situación.

«Tienes a dos mujeres judías en casa con papeles falsos y dices a todo el mundo que una de ellas es tu sirvienta. ¿No es eso mentir?», le dije algo malhumorada. No entendía por qué marcaba la diferencia entre las dos cosas.

A partir de 1943, las cosas se pusieron mucho peor. Ya casi no había lugares en los que esconder a los judíos, la comida era más escasa y las dificultades crecían. Sabíamos que nuestra casa pasaría de ser un lugar de paso a un refugio permanente. Las dos personas que nos pidieron ayuda fueron Harry y su esposa Cato, con los que habíamos trabado una hermosa amistad.

Los llevamos al salón y nos contaron lo sucedido.

«Anoche vino un miembro del NSB y nos dijo que iban a confiscar la tienda, que no les importaba que fuera ahora cristiano ni que mi mujer fuera gentil. Pensamos que, si eran capaces de cerrar la tienda, también podrían detenernos y llevarnos a algún campo. ¿Podríamos quedarnos con ustedes?».

«Buscaremos un lugar más seguro, no se preocupen».

Aquella tarde, tras dar de comer a nuestros amigos, fui a ver a la señora Boer, que tenía a varias personas escondidas. La mujer me abrió en bata y zapatillas, después frunció el ceño y me dejó pasar.

—Necesito que esconda a una pareja…

No pude terminar la frase.

—Tengo a dieciocho judíos escondidos. La mayoría son jóvenes y no dejan de hacer ruido; creo que no entienden que, si nos atrapan, nos matarán a todos. Pero llevan demasiado tiempo encerrados y necesitan vivir.

—Entonces, no puedo traer a la pareja —le dije, convencida de que no iba a permitirlo.

—Sí, claro. ¿Adónde van a ir? Dios nos ayudará.

Tuve ganas de abrazar a aquella mujer, capaz de sacrificarse tanto por los demás.

Betsie pasó varias semanas de aquel interminable invierno llevándoles comida, por eso nos advirtió que las cosas estaban empeorando y que si no sacábamos de allí a nuestros amigos, la policía no tardaría en dar con ellos.

En nuestra casa, no teníamos calefacción. El carbón era un artículo de lujo y el frío aumentaba de día en día. No sabíamos cuánto tiempo podríamos resistir en aquellas condiciones.

Las predicciones de mi hermana se cumplieron. Varios jóvenes salieron de la casa, fueron detenidos y, al final, la Gestapo llegó hasta el refugio y los detuvo a todos.

Cato nos lo advirtió. Los nazis la liberaron al ver que no era judía. A partir de aquel momento, la mujer fue todos los días para intentar que liberasen a su marido. Una tarde, llegó de nuevo el policía al que habíamos limpiado el reloj, Rolf van Vliet.

—Este reloj se retrasa —nos dijo con tono seco. Después se acercó a mí y me dijo en un susurro:— Harry de Vries será trasladado a Ámsterdam mañana.

Por la tarde, llevé a Cato a la comisaría para que se despidiera de su marido. Nos recibió Rolf, que se mostró frío y serio. Nos llevó hasta un cuarto y le concedió a la pareja cinco minutos.

—No puedo dejarte marchar —dijo la mujer entre lágrimas.

—No te preocupes. Siempre recordaré este momento hasta que me encuentre cara a cara con Jesús. Simplemente, es cuestión de tiempo hasta que nos volvamos a reunir. Si miramos nuestra vida con la perspectiva de la eternidad, ¿qué son unos meses o unos años vividos en la tierra comparados con eso?

—Oraremos por ti todos los días —le dije mientras salíamos del cuarto. Caminamos hasta la casa envueltas en lágrimas.

Aquella noche, les pedí a los chicos que me ayudaban como mensajeros que vigilasen a Rolf. Quería saber si podíamos unirlo a nuestra causa. Nos vendría muy bien la colaboración de un policía.

Una semana más tarde, cuando comprobamos que no tenía contactos con la Gestapo, lo fui a visitar.

—¿Cómo podríamos pagarle lo que hizo por Harry?

—No necesito nada para mí, pero el hijo de la mujer que limpia la comisaría está en peligro. Quieren llevárselo a Alemania.

—En eso podemos ayudarlo. Que vayan mañana a la relojería.

Al día siguiente, llegó a nuestra tienda una mujer pequeña llamada Mietje.

—Ya sé por qué ha venido. Traiga mañana su reloj.

La mujer me entendió perfectamente; escondimos a su hijo en una granja de tulipanes. La mujer se sentía muy agradecida. Nos dio sus manos desgastadas por el duro trabajo y nos prometió que algún día nos devolvería el favor. Nosotras lo hacíamos por Jesús. Lo único que deseábamos era salvar a la mayor cantidad de gente posible.

El verano de 1943 fue muy ajetreado. Habíamos puesto a buen resguardo a decenas de personas. Escaseaban las cartillas de racionamiento y, aunque los aliados habían desembarcado en Italia y los alemanes estaban perdiendo con los rusos, las cosas en los Países Bajos seguían igual. Temía que en cualquier momento la policía o los nazis nos descubrieran. Otros grupos habían caído y muchos habían terminado detenidos o muertos.

Justo estaba absorta en mis pensamientos, cuando escuché la campanilla de la tienda. Fui a abrir y me encontré con una mujer joven que llevaba un niño pequeño en brazos.

La mujer había estado escondida en el hospital tras dar a luz, pero ya no podía seguir allí. Llamé a un médico para que los examinara y, al poco tiempo, llegó a la tienda Fred Koornstra para traerme nuevas cartillas de racionamiento.

Hospedamos a la madre y al niño aquella noche, pero sabíamos que era muy peligroso tener a un niño en la casa. Cualquier ruido podría delatarnos.

Al día siguiente, entró en la tienda para reparar su reloj un pastor a quien conocía muy bien.

—Necesito que repare mi reloj.

—Las piezas de este modelo no son fáciles de encontrar, pero por ser pastor ordenado, lo intentaremos.

—Muchas gracias —dijo con una sonrisa el joven clérigo.

—¿Le podría pedir un favor? —le pregunté.

—Si está en mi mano.

—Tenemos en casa a una mujer y su bebé. Son judíos y necesitan que alguien los refugie en su casa.

El hombre me miró sorprendido.

—Eso es ilegal. No puede pedirme algo así. ¿No conoce las nuevas leyes?

Fui al cuarto y tomé al bebé en brazos.

—Yo no le hablo de leyes; le hablo de vida. ¿Acaso la madre de Moisés no se saltó las leyes que había impuesto Faraón?

—Pondría en riesgo a mi familia. Lo siento, no puedo hacerlo —contestó cabizbajo.

Aquellas palabras me helaron la sangre. Si un ministro de nuestro Señor podía actuar con tal cobardía, ¿qué le esperaba al resto del pueblo de Dios?

Logramos que la mujer y el niño fueran admitidos en una granja, pero a las pocas semanas, la Gestapo los detuvo. No supimos nada más de ellos, pero jamás pude borrar de mi mente el rostro de ese pobre niño. Aquellos ojos brillantes, la sonrisa angelical, un hombre que ya no podría aportar nada al mundo. Habíamos perdido el inmenso valor que tenía el ser humano al estar hecho a imagen y semejanza de su Creador. ¿Qué clase de ser humano era capaz de matar a alguien así? ¿Acaso no hacer nada no nos convertía en cómplices?

SEGUNDA PARTE:

QUE EL MAL NO TRIUNFE

CAPÍTULO 11

Una gran familia

NUESTRA CASA SIEMPRE HABÍA ESTADO llena de gente. Mis padres habían criado a cuatro hijos, varios niños sin hogar y acogido a todo tipo de gente. Siempre habíamos sido una familia hospitalaria. Cuando no había invitados a comer un domingo, algunos amigos se acercaban a tomar café o simplemente a charlar un rato. Intentamos, a pesar de las grandes dificultades de la segunda mitad del año 1943, que todos se sintieran como en casa.

El cumpleaños de papá, aunque nosotros no lo sabíamos en aquel momento, fue la última vez que estuvimos todos reunidos como familia. Todos lo llamaban el gran anciano de Haarlem, querido y respetado por los vecinos, amado por los niños, siempre dispuesto a hacer el bien con una sonrisa en los labios.

Una de las cosas que más ilusión le hacía al abuelo en aquel día era que iba a conocer por fin a su bisnieta. ¿Cómo era posible que en medio de tanta oscuridad naciera la esperanza de una nueva vida? La niña se llamaba Hawneke y era la niña más bella del mundo.

Intentamos que, a pesar de la escasez de casi todo, aquello pareciera una verdadera fiesta. Estábamos todos vivos, sanos y salvos; eso ya era un regalo increíble.

Los chicos habían conseguido falsificar un documento que los convertía en estudiantes del seminario. El acoso a los jóvenes para ser deportados aumentaba día a día, y ahora, para poder estudiar, se les exigía un acto de juramento ante el Führer alemán.

Himmie, la madre de aquella hermosa criatura, me dio un beso en la mejilla; era tan joven y hermosa que sentí un poco de envidia. Yo ya tenía cincuenta y un años y había dejado atrás la belleza de la juventud. Aunque nunca me había considerado bonita, como mis otras dos hermanas, no podía negar que todas las mujeres jóvenes son bellas en el fondo.

«Muchas felicidades por tu hermosa hija».

«Gracias, tía», me contestó, y aquel apelativo no pudo menos que enternecerme.

Mi hermano estaba muy delgado. Las preocupaciones en la residencia aumentaban día a día. No era la primera vez que se llevaban a alguno de los residentes.

—No lo entiendo. Los pobres apenas pueden moverse. ¿Por qué no los dejan morir dignamente? Es cruel hasta para la mentalidad nazi.

—Para ellos, no son humanos; incluso son peor que bestias. Hitler les ha enseñado a enfocar todo su odio sobre ellos. Los nazis se creen superiores porque tienen a otros que humillar; el sufrimiento ajeno los convierte a ellos en semidioses. Antes eran carpinteros, leñadores, camioneros u oficinistas, con vidas grises. Pero cuando se ponen su uniforme gris o negro, se convierten en amos.

Kik se acercó a su abuelo y, en tono jocoso, le preguntó:

—¿Qué se siente al cumplir cuarenta y ocho años?

—La verdad es que me siento como si tuviera ochenta y cuatro.

Todos nos echamos a reír. Parecía que la guerra y la ocupación eran cosas que solo sucedían al otro lado de la puerta de nuestra casa, y que adentro vivíamos con una especie de protección especial, como si hubiera dos ángeles protectores guardando nuestra puerta.

Aquel día increíble, nos reunimos veintitrés personas, incluidos dos de los huéspedes que teníamos en la casa, Hansje Frankfort y Hans Poley. Hansje era una mujer judía joven. Ella y su marido eran comunistas. Tras varios años en la resistencia, lograron encontrar una casa de refugio, pero su marido falleció y la familia le dijo a ella que tenía que marcharse. Estuvo en una casa en La Haya, pero la Gestapo la asaltó y ella logró escapar por el tejado. Era toda una superviviente. Hans era el hijo de una amiga mía, el cual se había negado a firmar fidelidad a Hitler para seguir estudiando en la universidad y había tenido que esconderse para no ser detenido. Hacía tiempo que la política de mano blanda de los nazis había desaparecido y todo el mundo había descubierto su verdadera cara. Muy pocos neerlandeses apoyaban ya la ocupación; únicamente una camarilla de delincuentes y fanáticos.

Mi padre estaba emocionado. Después de leer el Salmo 103, como hacía en cada cumpleaños, comenzó a dar un breve discurso.

—No podemos olvidarnos de bendecir a Dios ni olvidar Sus beneficios. Bendecir es hablar bien. Lo único que podemos hacer es hablar bien de nuestro Dios y reconocer todo lo que hace por nosotros. Hoy también es el cumpleaños de mi querida esposa, que hace tantos años se fue a la presencia de Dios. A pesar de perderla, la cosa más dura que he vivido jamás, Dios siempre ha sido fiel con esta familia y con las que cada uno de ustedes han formado. Nunca dejen Sus caminos, como no lo hicieron sus antepasados. Que de generación en generación, sigamos honrando al mismo y sabio Dios.

Betsie había preparado su famosa sopa, y también unos emparedados.

—Son tan buenos como antes del racionamiento —dijo Willem.

—Hasta la limonada sabe a limonada —acotó Jaap.

Los alemanes habían estado confiscando más radios. Todo el mundo estaba expectante del avance de la guerra.

—Creo que esto está próximo a su fin; los alemanes han sido barridos en Stalingrado este invierno.

—Nosotros aún guardamos una radio —les dije, ufana.

—Pues muy mal. En los Diez Mandamientos, se nos advierte que no hay que mentir —contestó Nollie, que era la más recta de la familia.

—Tú mientes cuando escondes a personas judías; ya lo hemos hablado —le contesté.

—No es lo mismo; con eso estoy ayudando a mi prójimo. Pues yo siempre diré la verdad y esperaré en Dios. Espero que no perjudique a nadie con ello.

Kik pidió calma y comenzó a tocar con el violín el himno preferido del abuelo. Enseguida, todos comenzamos a cantar:

¡Más cerca, oh Dios, de ti, más cerca, sí!
Aunque sea una cruz que me lleve a ti;
si tiende al sol la flor, si el agua busca el mar,
a ti, mi solo bien, yo he de buscar.

Yo creo en ti, Señor, yo creo en ti,
Dios vivo en el altar, presente en mí.
Si ciegos al mirar, mis ojos no te ven
yo creo en ti, Señor, aumenta mi fe.
¡Más cerca, oh Dios, de ti, más cerca, sí!
Aunque sea una cruz que me lleve a ti.
Será mi canto así, más cerca, oh Dios, de ti,
¡más cerca, oh Dios, de ti, más cerca, sí!
Mi pobre corazón inquieto está.
Hasta que en ti, Señor, encuentre la paz.
Abráceme tu amor, oh luz de eternidad.
Cerca de ti, Señor, quiero morar.
Refugio es el Señor, no temeré.
Mi fuerza en el dolor, confío en Él.
Si brama y gime el mar, las olas al romper,
Conmigo Dios está, ya no temeré...[1]

Todos comenzamos a orar emocionados. Esta letra hablaba del amor incondicional de los cristianos. En el fondo, estábamos arriesgando nuestras vidas por completos desconocidos, pero sabíamos que, para Dios, eran muy preciados, y estábamos dispuestos a pagar el precio que fuera.

---

1 Himno compuesto por Sarah Fuller Flower Adams en el siglo XIX. Traducción del autor.

CAPÍTULO 12

El teléfono

EL VIEJO TELÉFONO SONÓ DESPUÉS de mucho tiempo en silencio. Algunos de los miembros de la resistencia habían logrado que nos devolvieran la línea, aunque únicamente podíamos usarlo en caso de emergencia. Se me había olvidado su sonido. Poco a poco, se me estaban olvidando muchos sabores y sensaciones que siempre pensé que me acompañarían. Creíamos que nuestra vida sería inmutable. Nos agobiamos con el futuro o nuestros fracasos y se nos olvida disfrutar de los pequeños regalos que Dios nos da todos los días.

Poco después, llegó a nuestra casa uno de nuestros nuevos huéspedes, el señor Meyer Mossel, un hombre delgado de unos treinta años que siempre llevaba una pipa en los labios.

—¿Le molesta que fume en la casa?

Ese fue su saludo, pero parecía un hombre alegre y optimista. Nadie nunca había preguntado si nos molestarían algunas de sus costumbres.

—Mi padre fuma de vez en cuando un puro.

—Son los pequeños placeres que nos están robando esos salvajes —respondió con cierta ironía.

Al entrar en el salón y ver a mi padre, el hombre levantó las manos y dijo:

—Uno de los patriarcas.

A mi padre le hizo gracia el nuevo inquilino, sobre todo cuando le pidió permiso para recitar el Salmo 150.

—Claro que puede recitarlo.

Alabad a Dios en su santuario;
Alabadle en la magnificencia de su firmamento.
Alabadle por sus proezas;
Alabadle conforme a la muchedumbre de su grandeza.
Alabadle a son de bocina;
Alabadle con salterio y arpa.
Alabadle con pandero y danza;
Alabadle con cuerdas y flautas.
Alabadle con címbalos resonantes;
Alabadle con címbalos de júbilo.
Todo lo que respira alabe a JAH.
Aleluya[1].

Aquella noche, el nuevo invitado fue el que hizo la lectura; en este caso, del profeta Jeremías hablando sobre el exilio. Lo hizo con tanto sentimiento y entonación que nos emocionó a todos.

—Tenemos que cambiarle el nombre; creo que estaría bien Eusebio.

El hombre frunció el ceño.

—¿Eusebio? Bueno, Eusebio Meyer.

---

1 Salmo 150.

—El apellido también tiene que cambiar. Será Smith, uno más.

El hombre parecía conforme con su nueva identidad. No somos conscientes de cómo nos definen nuestros nombres y cómo, en cierto sentido, nos ofrecen dignidad e identidad. Hasta eso les robaban los nazis a los pobres judíos.

Unos días más tarde, llegó una partida de salchichas de cerdo, pero a Meyer no le gustó la idea, ya que era un alimento prohibido para los judíos. Betsie apreciaba mucho al nuevo inquilino, y para tranquilizarlo un poco, le comentó:

—El guiso me ha quedado estupendo —dijo mientras repartía su guiso de salchichas y patatas, un verdadero manjar en los tiempos que corrían.

—No puedo comer cerdo. Creo que tomaré solo las patatas —anunció nuestro nuevo amigo.

—El rey David comió de los panes consagrados y se los dio a sus hombres. En ciertos casos, Dios pasa por alto estas cosas —le dijo Betsie.

—Creo que hay algo en el Talmud sobre esto, pero me comeré primero las salchichas y luego lo buscaré.

Una semana más tarde, ya teníamos tres nuevos huéspedes. El primero era un joven llamado Jop que nos ayudaba en la resistencia y a quien buscaba la policía para deportar. Después llegó un abogado joven llamado Henk y un maestro de escuela que se presentó como Leendert. Leendert nos instaló un sistema de alarma eléctrico, un botón que apretar en caso de emergencia.

Uno de los días que fui a tomar un café con mi buen amigo Pickwick, me advirtió que cada vez había más redadas y que tenía que ensayar con mis huéspedes para que les diera tiempo de esconderse en la habitación secreta.

Para realizar la prueba, vino uno de los hombres de la resistencia y se presentó como el señor Smit, cosa que seguía chocándole a mi padre.

«Los nazis prefieren hacer las redadas a la hora de la comida. Deben estar preparados para retirar los platos, vaciar los ceniceros y esconderse lo más rápido posible».

El primer simulacro fue un desastre. Dejamos platos de más en la mesa y fuimos muy lentos.

«Está claro que deben ensayar más si quieren tener alguna oportunidad. ¡Es muy importante!».

Aceptamos la regañina; sabíamos que de ello dependía nuestra vida. Éramos muchos, algunos demasiado lentos por la edad, y no estábamos seguros de lograr superar los nervios, pero aquella era nuestra única esperanza. Para complicar más la cosa, una de nuestras nuevas huéspedes era una señora de más de setenta años con problemas en las piernas.

CAPÍTULO 13

Nollie

MI MADRE SIEMPRE SE PREGUNTABA cómo, habiendo criado a cuatro hijos de la misma forma, éramos todos tan distintos. Lo que ella no entendía es que no nos había criado igual. Cada uno había nacido en un momento distinto de su vida, con prioridades y necesidades distintas. Tal vez por eso a Nollie le sobraba el valor que no tenía Betsie y era mucho más segura que yo. Siempre había gobernado su casa con mano férrea y todos sus hijos le tenían un temor reverente. Yo la quería con locura, pero a veces no la soportaba, sobre todo aquel aire de superioridad moral. A veces, el peor pecado que podemos tener es el de orgullo espiritual, porque somos incapaces de darnos cuenta de que es peligroso para nosotros y para las personas que nos rodean.

Eso no quiere decir que lo que pasó aquel día en su casa fuera culpa suya; fue la suma de una educación estricta, unas circunstancias extraordinarias y la maldad desatada que habían soltado los nazis.

Mientras nosotros ensayábamos todos los días nuestro plan de emergencia, creábamos técnicas dilatorias y veíamos como resolver el problema de aquella mujer mayor que no podía correr, Nollie vivía tranquila y segura, como si el fuego de la prueba nunca fuera a llegar a su casa.

Incluso pregunté al resto de los huéspedes si era muy arriesgado para todos que aquella mujer permaneciera en nuestra casa. No quería dejar nada al azar, aunque sabía que en el fondo estábamos en manos de Dios y Su cuidado tierno.

Los días eran cálidos y las tardes agradables, pero nuestra red se extendía cada vez más y era más sencillo que alguno de sus puntos fallara y nos llevara a todos por delante. La hora de la comida era la más crítica y, en muchas ocasiones, además de las nueve personas fijas, se unían otros colaboradores. No sé cómo hacía Betsie para preparar tanta comida con lo que conseguíamos con las cartillas de racionamiento.

En una de nuestras numerosas comidas, me pareció ver a alguien que se asomaba por la ventana. Salí a la calle para asegurarme de que no se tratara de ningún espía. Me sorprendió ver a la señora Katrien.

—¿Qué haces aquí? ¿Ha sucedido algo? —le pregunté, preocupada.

—Su hermana se ha vuelto loca.

—¿Cómo?

—El Servicio Secreto vino hace un rato a casa. Su hermana y Annaliese estaban en el salón; no sé quién había informado, pero los policías algo sabían.

—¿Qué ha pasado? —le pregunté, nerviosa.

—Le preguntaron a Nollie si Annaliese era judía. Esa chica tan rubia, de aspecto tan ario y con los papeles en regla. Únicamente habría tenido que decir que no, pero la escuché perfectamente cuando contestó que sí lo era.

Aquellas palabras me dejaron sin habla. ¡Dios mío, la rígida honestidad le iba a costar la vida a una persona inocente! Podían terminar todos encerrados.

—¡Entre en la casa! —la apremié.

Después, sin mediar palabra, tomé la bicicleta. Ya no veía el cielo azul con dulces nubes blancas, no me importaba el reflejo azulado en los canales ni los árboles coronados con sus hojas verdes. Ahora, todo mi mundo parecía hundirse para siempre.

Llegue a la calle Wagenweg y dejé la bicicleta en un poste de la luz cercano a la casa de mi hermana. Aquel hogar lleno de luz y amor que tanto amaba ahora estaba en peligro.

Intenté disimular, como si estuviera paseando por la zona. Todo parecía normal menos un coche aparcado justo enfrente de la casa. Las cortinas blancas e impolutas estaban echadas. Al rato, cuando estaba comenzando a desesperarme, Nollie salió de la casa con un hombre vestido con un traje vulgar. Después, salió la pobre Annaliese, seguida de otro funcionario del terror. La chica parecía a punto del desmayo. Los dos hombres las introdujeron en el coche y después se marcharon a toda velocidad.

Tenía un montón de sentimientos encontrados. Además de una profunda tristeza, un desosiego profundo, todos estábamos ahora en peligro. ¿Cuánto aguantarían Annaliese y mi hermana sin hablar? Los nazis podían ser extremadamente crueles y los hombres más duros no tardaban en confesar. Mi hermana era tozuda, pero yo no estaba tan segura de que aguantase la tortura. Yo, al menos, no me sentía preparada para un interrogatorio de la Gestapo.

Al llegar de nuevo a casa, me enteré de que Nollie había sido llevada a la comisaría, pero que Annaliese había sido enviada al teatro judío para ser deportada después a Alemania o Polonia.

Entonces, la pobre Mietje fue la que tuvo que ayudarnos a nosotros. Al limpiar en la comisaría, era la única que podía acercarse a Nollie sin levantar sospechas. Un día más tarde, vino a la tienda y me puso al día.

«Parece que está muy bien de ánimo. Ya sabe cómo es su hermana, una roca. Qué envidia me da. Se pasa el día cantando himnos; es una inspiración para todos».

A mí aquello no me gustó. Me preguntaba cómo podía descansar después de traicionar a aquella pobre chiquilla inocente. Los nazis no iban a ser benevolentes precisamente con la pobre joven judía.

Mi hermana Betsie le hacía un pan diario. La comida en la cárcel no era muy buena. Además, le llevó su jersey favorito gracias a Mietje. Un día, ella me trajo un mensaje escrito que no me dejó mucho más tranquila.

«No sufras por lo que pueda sucederle a la pobre Annaliese. Dios no permitirá que le pase nada malo porque yo le obedecí».

Sus palabras me irritaron más aún, pero no quería guardar rencor a mi hermana, y mucho menos ahora que estaba en la cárcel.

Entonces, pasó uno de esos milagros que Dios puede hacer. Me llamó mi amigo Pickwick, y me esperó sentado en el jardín. Siempre parecía alegre y relajado, algo que admiraba mucho de su personalidad.

«Ha pasado algo increíble. Ayer hubo un asalto al teatro judío y se logró liberar a más de cuarenta judíos; una de ellos fue Annaliese. La joven está libre».

Me quedé de piedra y comencé a llorar. Dios había sido fiel. Me impresionó cómo Nollie podía haber estado tan segura de que Dios la libraría. Desde aquel día, nunca más juzgué a nadie. Dios sabía el plan que tenía para cada uno de nosotros y actuaba según nuestra personalidad.

Nollie fue trasladada a la prisión federal de Ámsterdam justo diez días después de su arresto. Allí no teníamos nadie que la cuidara ni nos informara sobre su estado, pero una vez más, mi amigo Pickwick fue la clave. Conocía a un médico alemán que estaba en la cárcel y era un hombre muy humanitario.

Al día siguiente, tomé el primer tren para la ciudad; no podía fallarle a la familia. Mi cuñado y mis sobrinos se sentían perdidos sin su madre. En la puerta de la casa, me recibió su criada. Mientras esperaba en una de las salas que daban al jardín, no podía dejar de pensar en cómo convencer al oficial alemán para que me ayudase. En ese momento, recordé un libro que había leído de Dale Carnegie. Él siempre decía que, para convencer a alguien de que te echara una mano, debías conocer cuáles eran sus pasiones. Al ver a dos perros negros en el jardín, se me ocurrió una idea.

El hombre me recibió en el salón principal. Su pelo canoso y gesto adusto no me transmitían mucha confianza, aunque puede que a él le pasara algo parecido. Después de presentarme, le dije directamente:

—Me parece una idea muy inteligente.

—¿Qué quiere decir? —me preguntó extrañado mientras fruncía el ceño.

—Traerse a esos perros. Seguro que siente la soledad de la casa al no haber traído a su familia.

El gesto del hombre cambió por completo, como si de repente confiara en mí.

—¿Le gustan los perros?

Me quedé muda unos instantes. En mi casa siempre habíamos tenido gatos. Los únicos perros que conocía eran los de Harry y jamás me había acercado a ellos.

—A mí me gustan los *bulldogs* —le contesté.

—Maravilloso. La mayoría de la gente desconfía de ellos por su aspecto, pero son muy cariñosos.

El hombre se extendió un buen rato sobre las virtudes de los animales. Después me miró de nuevo seriamente y me dijo:

—No creo que haya venido aquí para hablar de animales.

—He venido a pedirle por mi hermana. Creo que no está bien y la han ingresado en la prisión donde usted trabaja.

—Entonces, los perros eran una excusa.

—No, pero me importa mucho más lo que le pase a mi hermana.

—¿Cómo se llama su hermana?

—Nollie van Woerden.

El hombre miró unas notas en un cuaderno marrón.

—Lleva poco tiempo con nosotros. ¿Por qué la han detenido?

—Bueno, ayudó a una chica judía, pero tengo seis sobrinos y un esposo que la esperan. Si no vuelve a casa, todos serán una carga para el estado.

El hombre hizo un gesto mohíno, se puso en pie y me dijo que tenía otra cosas que atender.

—Veré qué puedo hacer —comentó mientras cerraba la puerta.

Una semana después, al no recibir ninguna respuesta, regresé a su casa. Cuando me abrió, le pregunté por los perros, pero no le hizo gracia.

—No venga más. No puedo hacer nada por ahora. En cuanto pueda hacer algo, lo haré.

Aquellas palabras me dejaron algo desanimada, pero me aferré a la esperanza de la fe de Nollie, que era mayor que la mía, y al Dios tan grande al que ambas servíamos.

CAPÍTULO 14

Preparados para lo peor

CUANDO DETUVIERON A PETER, SUPIMOS que los nazis eran capaces de cualquier cosa ante las acciones más inocentes. Nos habían dividido, metido miedo, asilado y después convertido en un simple guiñapo. La captura de Nollie nos hizo temer lo peor. ¿Quién podía resistir un interrogatorio de la Gestapo? Papá era un hombre que se acercaba a los noventa años; Betsie siempre había sido una dulce florecilla —o así la veía yo—; y, por mi parte, la sola idea de un interrogatorio me aterraba.

Algunos de los miembros de la resistencia comenzaron a hacer simulacros en la casas para que estuviéramos preparados para escondernos o para responder de una forma creíble si nos interrogaban. A veces, venían a horas intempestivas y comenzaban a interrogarnos. Normalmente, nos quedábamos bloqueados sin saber qué contestar. La primera vez que realizaron un simulacro, yo no lo sabía y me quedé temblando de miedo. Después de dar un golpe tremendo en la puerta y enfocarme directamente a los ojos con una linterna, comenzaron a gritarme.

—¡Vamos, de pie! Vas a decirnos ahora mismo dónde ocultas a esos nueve judíos.

—Solo hay seis judíos en este momento —le contesté, aturdida.

Entonces, Rolf encendió la luz y comenzó a darse en la frente desesperado.

—¡Nadie puede hacerlo peor!

—Estaba nerviosa, lo haré mejor —respondí.

—Los nazis no te van a dar una segunda oportunidad. Tienes que decir que aquí no hay judíos. ¿Está bien?

—¿Puedo intentarlo otra vez?

El hombre me miró muy serio y me dijo:

—¿Cómo llegan los judíos aquí? ¿De dónde los mandan?

—No lo sé; ellos llaman a mi puerta.

—¡No, no y no! No tienes judíos. ¿Entiendes?

—No tengo madera de espía —le contesté.

—Pues de lo que contestes depende la vida de las seis personas que tienen escondidas y de ustedes tres.

Lo sabía, era consciente, pero me costaba mucho no decir la verdad.

Mi hermana seguía detenida, no sabíamos nada de ella y comenzábamos a desesperarnos. Creíamos que en cualquier momento podría venir la policía o, peor aún, la Gestapo. Entonces, pasó algo que nos heló la sangre.

CAPÍTULO 15

El amigo alemán

LAS COSAS SUELEN COMPLICARSE DE la formas más simples. Es como cuando se te escurre de las manos el tarro de azúcar y toda la cocina queda sucia, y apenas lo has recogido y te has sobrepuesto del enfado, una de tus tazas preferidas se hace añicos. Tras la detención de Nollie y la tensión que eso nos había generado a todos, llegó a nuestra casa una de esas personas que preferirías olvidar.

Ya teníamos la tienda cerrada cuando escuchamos que alguien intentaba entrar. Me asomé y vi a un soldado alemán.

—Ya está cerrado —le dije con un gesto, porque no me escuchaba bien a través del cristal.

—¿Es que no me recuerdas? —me dijo en alemán, e intenté agudizar la mente, porque su aspecto no me era conocido—. Un viejo amigo que viene a hacer una visita formal. Abre la puerta de atrás.

Me extrañó que hiciera aquel comentario, pero no me quedaba más remedio que atenderlo. Si no, podía venir con sus amigos y poner todo patas arriba y descubrir a nuestros huéspedes. Iba a tocar la alarma cuando el soldado entró y lo primero que noté fue sus relucientes botas.

—¡Otto! —exclamé aturdida. Era el joven ayudante que mi padre había tenido que echar cuatro años antes por atacar a uno de los empleados y por su comportamiento inaceptable.

—Llámeme mejor capitán Altschuler; ahora yo tengo más autoridad que usted. ¿Dónde están todos? No me diga que le ha pasado algo malo al viejo relojero.

Por sus galones, se veía que no era oficial, pero me callé. Otto siempre había sido un ser arrogante y ahora llevaba un arma.

—Qué lugar más triste y oscuro ha sido siempre esta tienda.

Estaba a punto de tocar el interruptor que hacía sonar la alarma, pero coloqué la mano adelante.

—Esta casa no es triste ni oscura; siempre ha sido un lugar de luz y paz.

Imaginaba que para alguien tan oscuro como aquel joven, cualquier tipo de luz del cielo era molesta.

—¿Dónde está el viejo que limpiaba los relojes?

—Christoffels murió de frío el invierno pasado por la escasez de combustible.

El alemán hizo un gesto burlón, como si la muerte del hombre al que le había pegado unos años antes le hiciera gracia.

—¿Dónde está el viejo beato al que tanto le gustaba leer la Biblia?

—Mi padre se encuentra bien, gracias —le respondí secamente, aunque luego me arrepentí. Sabía que aquel hombre estaba buscando cualquier excusa para hacernos daño.

En su mente retorcida, solo existía la venganza, aunque mi padre siempre intentó hacerle bien. Le había faltado el respeto en varias ocasiones, se había negado a cumplir las normas de la casa y robado. Era altivo, indisciplinado y arrogante, pero mi padre lo había tratado con el mismo amor que al resto de sus empleados.

—¿No me va invitar a subir para que pueda saludarlo? ¿Dónde están sus modales, señorita ten Boom?

No entendía su empeñó por subir, pero no era para nada bueno. Apreté el botón de alarma.

El alemán se giró de repente.

—¿Qué ha sonado?

—No he oído nada —le contesté.

—Como un zumbido.

Negué con la cabeza, pero Otto se quedó pensativo.

—Voy a cerrar la puerta y ahora subimos. Quiero ver si mi padre lo reconoce.

Me demoré todo lo que pude para que diera tiempo a los huéspedes a esconderse y recoger todo. El alemán comenzó a impacientarse, pero debió pensar que era una pobre vieja torpe y lenta.

Al final, comencé a subir las escaleras y, antes de llegar, exclamé:

—¡A que no adivinan quién ha venido! ¡Les daré varias oportunidades!

—¡No quiero jueguecitos ni adivinanzas! —gritó el grosero de Otto y entró en el salón.

Afortunadamente, ya solo había tres platos en la mesa y no los doce de unos minutos antes. Hasta habían quitado el cartel de Alpina de la ventana para que nadie más llamara a la casa.

Mi padre y Betsie levantaron la vista y miraron al soldado. No le dijeron nada, pero este tomó una silla y se sentó al revés.

—Al final, ¿quién tenía razón, viejo? Sucedió todo como yo predije. Los alemanes siempre hemos sido una raza superior. En unos años, hemos conquistado medio mundo y ahora su país es una provincia de paletos integrada en el mío.

—Parece que acertaste, Otto.

—Entonces, ¿se acuerda de mí? No lo dejé indiferente, viejo.

—Querida, sírvele al capitán una taza de té.

—¿Cómo tienen este té inglés? No he visto nada igual en toda Holanda.

Me puse nerviosa. Era el té que nos proporcionaba nuestro amigo.

—Me lo dio un oficial de alto rango alemán, pero no creo que quiera saber de quién se trata.

Otto captó la indirecta. Se dio cuenta de que teníamos contactos con personajes importantes de la ocupación y comenzó a comportarse de forma más comedida.

—Sigue leyendo ese viejo libro.

—Sí —dijo mi padre secamente.

—No sirve de nada. Las viejas palabras de la Biblia están muertas. Nosotros estamos creando un nuevo mundo, mucho mejor que el cielo que prometía el judío ese.

—Jesús era el Hijo de Dios, enviado para morir por nuestros pecados; los tuyos también, Otto. En una guerra pasan muchas cosas y, de la noche a la mañana, podemos vernos de frente con nuestro Creador. ¿Qué le dirás en el juicio?

—No creo que Dios exista, pero si, dado el caso, existiera, no sería el dios débil de los cristianos. Dios ha muerto; nosotros lo hemos matado.

—Veo que has leído a Nietzsche —dijo mi padre, algo más amable.

—En la academia hablamos de él.

—Era el hijo de un pastor luterano. Él mismo estudió en el seminario para ser reverendo. Después cambió de opinión; no entendía la muerte de su padre. Siempre pensó que el Dios de la Biblia era débil porque se ponía del lado de los indefensos, pero que la naturaleza parecía estar solo del lado de los fuertes. El racionalismo negó a Dios, por eso dijo esa frase. Él creía en un dios fuerte e implacable.

—En ese Dios creo yo, si es que existe.

—Dios es amor, Otto. Algo que es difícil de entender en medio de esta locura, pero ojalá algún día lo descubras por ti mismo.

El alemán se puso en pie y se sacudió el uniforme. Sin duda, aquel traje le daba mucho poder, pero se lo veía tan débil en aquel momento.

—No ha cambiado; sigue son sus monsergas —dijo mientras bajaba las escaleras, malhumorado.

Le abrí la puerta y se fue sin despedirse, caminando con paso firme por las calles solitarias y oscuras de Haarlem.

Aquel otoño no trajo solo viejos fantasmas y muchos problemas; también algunas alegrías. Una de las escasas veces que el teléfono sonó fue Nollie. Me encantó escuchar su voz.

—Hola, ¿podrían venir a recogerme?

Se me saltaron las lágrimas. Aquella era la mejor noticia que podía escuchar.

—Nollie. ¿Dónde estás? ¿Cuándo podemos ir?

—En la estación de Ámsterdam. Los alemanes no me han dado nada para el tren.

Aquel comentario me hizo gracia. Yo estaba exultante por su liberación y ella se quejaba por la poca amabilidad de los nazis al no pagarle el billete a su casa.

Me dirigí a la casa de mi hermana, donde ya estaba Flip con el resto de la familia. Les conté la buena noticia y nos dirigimos todos a la estación. Antes de que nuestro vagón parara en Ámsterdam, todos vimos a Nollie en el andén. Su jersey azul brillaba en medio de la oscuridad como una estrella que se hubiera desprendido del firmamento. En el fondo era así mi hermana, una bendición para todos nosotros y la gente que la conocía.

Nos abrazamos. Flip parecía como un novio que acaba de ver a su enamorada.

«¿Qué ha pasado?», le pregunté, ansiosa por saberlo todo. La encontré igual que siempre; a lo mejor, un poco más pálida.

«No lo entiendo. El médico nazi me dijo que tenía la presión arterial muy baja y era algo muy grave, lo que podía dejarme mal y ser una carga para la sociedad por mi amplia familia. Me dio el alta y me dejaron en la calle. Los caminos del Señor son inescrutables».

«Sí, Nollie».

Yo sabía por qué la habían soltado en realidad, pero no dejaba de ser un milagro que un oficial alemán se hubiera arriesgado a liberar a una traidora.

El año 1943 se marchaba después de dejar su cosecha de muerte y destrucción. Todos sabíamos que no volvería, pero tampoco podíamos adivinar qué nos depararía el próximo. Muchos aseguraban que el fin de la guerra y, aunque era cierto que los nazis estaban perdiendo en todos los frentes, algo parecido se había comentado al principio de ese año. Solo Dios sabía cuándo acabaría la guerra; todo lo demás no dejaba de ser conjeturas.

Mucha gente no quería celebrar aquella Navidad. En casi todas las familias faltaban varios miembros. Tampoco nos llegaban demasiados alimentos; los básicos para sobrevivir.

Además de la Navidad, celebramos la Januká o Fiesta de las luces judía. Cada noche, encendíamos una vela mientras Eusie nos recitaba la historia de los macabeos. Después, cantábamos la canción del desierto. Creo que la victoria de un pequeño ejército judío contra el rey Antíoco IV en el año 165 antes de Cristo nos recordaba mucho la lucha contra los nazis. Como ellos, necesitábamos la intervención divina para terminar con ese diablo de Hitler, que muchos decían que estaba endemoniado.

Una de las noches, escuchamos que alguien llamaba a la puerta de la tienda. Era la mujer del óptico, la señora Beukers. Tenía que ser algo importante para que saliera en medio de la nieve y soportara el frío que hacía aquella noche.

«¿Podría decirles a sus judíos que canten más bajo? Se los escucha por las paredes y cualquiera podría denunciarlos. Ya sabe que no todo el mundo los quiere».

Regresé a casa algo asustada. Cualquiera en la calle podía estar enterado de lo que estábamos haciendo y aquello nos ponía a todos en peligro. Debíamos tener más cuidado y aumentar las precauciones. Después de tantos años resistiendo, justo cuando todos teníamos la esperanza de que la guerra terminara, podíamos acabar todos en la cárcel o, peor aún, en uno de los terribles campos de concentración. Ya era un secreto a voces lo que hacían allí los nazis.

Aquella noche no dormí bien, pero lo que me quitó el sueño fue una nota que recibí unos días más tarde del jefe de policía, en la que me pedía que me presentara en su oficina al día siguiente.

CAPÍTULO 16

Comisaría

NUESTRA RELACIÓN CON LA POLICÍA siempre había sido amigable. La comisaría estaba muy cerca y muchos miembros del cuerpo habían venido a la fiesta del centenario. Nuestra familia era muy conocida, en especial por su cuidado a los más desfavorecidos, pero aquella carta no presagiaba nada bueno. Pedí a los huéspedes que guardaran todas sus cosas en la habitación secreta, aunque en realidad apenas si tenían efectos personales. Después, los mandamos a un lugar seguro e hicimos una limpieza exhaustiva para que no quedase ningún tipo de pruebas. Incluso nos planteamos irnos nosotros. Lo que más me extrañaba era que nos hubieran advertido. Si nos querían atrapar, lo más normal habría sido que hubiesen hecho una redada. Pensé que a lo mejor querían que escapásemos. Muchos policías intentaban ayudar a los refugiados y entorpecían las acciones de los nazis, pero sabía que no iba a salir de dudas hasta que fuera por la tarde a la comisaría.

Me vestí con ropa ligera, pero me puse debajo varias mudas de ropa interior, por si quedaba detenida. Después de lo sucedido a Nollie, todos estábamos bastante asustados.

El comisario me había convocado a las tres de la tarde, por eso justo a esa hora estaba en la puerta del edificio. Me había despedido de mi padre y mi hermana con un lago abrazo por si no volvía más a casa. El policía que estaba de guardia era conocido, y pareció extrañarse al verme en la puerta.

—He venido a ver al comisario.

—Pase; la llevaré a su oficina.

El hombre me condujo por el largo pasillo hasta un despacho solitario, llamó y, tras esperar uno segundos, pasó.

—Comisario, aquí está Corrie ten Boom.

El comisario me miró desde la mesa con su pelo gris al que le quedaban algunas tonalidades pelirrojas y que peinaba hacia delante para disimular su calvicie. Una música algo ruidosa sonaba en el despacho. El hombre se dio la vuelta y, para mi sorpresa, subió el volumen.

—Bienvenida, puede sentarse. La estaba esperando.

—Buenas tardes. ¿Cómo está usted?

El hombre no respondió. Se puso en pie con mucha agilidad y cerró la puerta.

—No desconocemos sus actividades; ya sabe, todo lo que están haciendo.

—No es ningún secreto; somos relojeros desde hace cien años.

El hombre sonrió y después se sentó en su silla.

—No ese tipo de trabajo; el otro.

—¿El que realizo en la iglesia? Llevo cuidando a niños discapacitados mucho tiempo…

El hombre frunció el ceño.

—Me refiero a sus trabajos con la comunidad. Quiero que sepa que muchos aquí pensamos igual que usted.

No quise negar más mi implicación en la resistencia, pero no admití nada.

—Quería pedirle que nos ayudase con un asunto urgente.

El hombre se puso en pie hasta colocarse al borde de la mesa. En ese momento, bajó el tono y casi me habló en un susurro. Entonces comprendí por qué tenía tan alta la música.

—Tenemos a un informante dentro del departamento que está filtrando datos a la Gestapo; por eso queremos acabar con él.

—¿Por qué me cuenta todo esto, señor? —le pregunté intrigada y algo asustada—. ¿Qué puede hacer una mujer como yo?

—No nos queda más remedio que matarlo. No podríamos encerrarlo, pero si no lo detenemos, se llevará por delante a muchos. Por eso quería preguntarle si puede recomendarnos a alguien para…

El hombre se llevó la mano al cuello.

No sabía qué responder. Podía que todo se tratara de una trampa para que reconociera mi implicación en la resistencia, pero aquella historia me parecía tan descabellada que me quité esa idea de la cabeza.

—Entiendo lo que me pide, pero he dedicado toda mi vida a salvar a la gente, no a terminar con ella… pero sí puedo ayudarlo de alguna manera. ¿Usted es un hombre de fe?

Ahora fue él quien me miró con extrañeza.

—Me temo que en los tiempos que corren, la fe es lo único que nos sostiene a la mayoría.

—Le propongo que oremos por ese hombre, para que Dios transforme su corazón por completo y deje de traicionar a Su pueblo. Si no, le sucederá como a Mardoqueo, porque Dios es justo y protege a los suyos.

Los dos agachamos la cabeza y, con la radio de fondo, pedimos por aquel hombre. Me pareció el acto más revolucionario del mundo.

—Señor, te pido que este hombre deje de colaborar con los nazis, que le hagas entender el infinito valor que tiene cada ser humano y que está haciendo mal.

Tras la breve oración, el hombre me dio la mano.

—Gracias. Perdone que le haya pedido algo tan… poco propio de usted.

Regresé a casa con la sensación de que había ocurrido algo especial en aquel lugar. El comisario quería terminar con la vida de un hombre, pero de alguna manera había entendido que nuestro papel no era hacer el mal, ni dejarnos vencer por él. No le conté nada a mi familia y guardé este episodio en mi corazón, como muchas de las cosas que estaban sucediendo. Tenía la sensación de que Dios tenía el control y que no me pasaría nada que Él no permitiese.

La otra cosa que me preocupaba era que todo el mundo sabía qué hacíamos con los huéspedes, lo cual nos ponía en un peligro inminente, ya que cualquiera de nuestros vecinos podía denunciarnos para salvarse la vida. Pensé en dejar de ayudar a los judíos, pero en el fondo, a pesar de todo lo que arriesgábamos, nuestro deber era con los más necesitados.

Unos días más tarde, apareció por la tienda Rolf, nuestro contacto en la policía. Entró hasta el taller y nos dijo:

—Se va a producir una redada muy pronto en una casa. ¿Tiene a alguien que pueda ir a avisarles?

En ese momento, estaba sola con uno de nuestros ayudantes; un muchacho llamado Jop.

—Iré yo, señora.

—Eres muy pequeño —le contesté—. No quiero que te pase nada malo.

—Puedo hacerlo. Ya no soy un niño, y esa pobre gente…

—Está bien, date prisa —le dije, y el chico tomó su bicicleta y salió a toda velocidad.

Un rato después, Jop apareció vestido de mujer y fue a avisar a la gente de la casa. Algunos de los muchachos, entre ellos mis sobrinos, estaban vistiéndose de mujer para pasar desapercibidos. En aquel invierno de 1944, los nazis se llevaban a miles de jóvenes para intentar que su desesperada industria de guerra no se paralizara. Todos sus hombres útiles estaban en el frente. Estaban perdiendo la guerra, pero parecían ser los únicos que no lo sabían.

Jop llegó demasiado tarde y, cuando llamó al timbre de aquella casa, fue detenido por la Gestapo.

Rolf me avisó un poco después del toque de queda.

«Puede que el chico confiese y…».

«Entonces, estamos perdidos», contesté.

El policía afirmó con la cabeza.

Tuve el deseo de huir, de escapar con el resto de nuestra familia, pero ¿adónde?

Los nazis estaban perdiendo en Rusia, también en África, y se rumoreaba que muy pronto se produciría un desembarco aliado masivo en las costas del Atlántico.

CAPÍTULO 17

La red se cierra

SIEMPRE HE PREFERIDO ENFRENTARME A mi destino que esperar que este cayera sobre mí. No puedo negar que estaba asustada y me aterrorizaba que la Gestapo me capturase, pero temía más por los míos. ¿Qué le pasaría a mi padre si los nazis lo capturaban? Era un anciano de salud frágil. ¿Cómo llevaría Betsie un interrogatorio? A pesar de ser la mayor, su salud era más delicada y su personalidad, la menos fuerte. Por no hablar del resto de la familia y, en especial, mis sobrinos. Yo sentía que había vivido suficiente, que podía marcharme de este mundo sin demasiada pena, pero ellos tenían la vida por delante.

Todas aquellas ideas rondaban por mi cabeza mientras los días parecían transcurrir lentos aquel invierno. Mi hermana debió detectar algo en mi comportamiento, porque me llevó un té a la habitación, algo que no era muy propio de ella.

—¿Estás bien, Corrie?

Nunca solía ser tan directa, lo que significaba que estaba muy preocupada. Al principio, no supe qué decirle, pero me pareció más justo que supiera la verdad. Me había pasado la vida protegiendo a los demás.

—Capturaron a Jop hace unos días y…

—¿Crees que van a hacer una redada?

—Es casi seguro.

—¿Quieres que llevemos a los huéspedes a otras casas?

Ya había pensado en esa posibilidad, pero a aquellas alturas, la Gestapo nos tendría vigilados. Si lográbamos ocultarlos, al menos nos quedaría una oportunidad.

—Cuando nos metimos en todo esto, sabíamos el precio que podríamos pagar. Nadie nos engañó. Queda poco para el fin de la guerra… si aguantamos un poco más, los aliados liberarán el país.

—¿Estás segura?

—Sí, solo hay que aguantar un poco, pero si no vienen a tiempo, nos reuniremos con nuestro Creador. Ya sabes cómo amo a Jesús y anhelo verlo, pero al mismo tiempo me gusta nuestra vida, esta casa, la familia, los amigos y las pequeñas cosas. Tomar un té contigo y con Papá, ver a nuestros sobrinos, comer con nuestros hermanos. Hemos tenido una vida larga y feliz. Tú estás cerca de los sesenta y yo hace ya tiempo que cumplí los cincuenta.

—¿Me estás llamando vieja? —bromeó Betsie.

—No temo la muerte, pero esos nazis antes de matarte te sacan el alma. Ya te he contado que he tenido como premoniciones sobre lo que va a suceder. Siempre he intentado quitármelas de la cabeza; incluso he pensado que eran imaginaciones mías, pero de alguna manera, Dios quiere prepararnos para lo que va a venir.

Betsie dio un sorbo a la taza de té.

—Estoy muy orgullosa de ti, de tu valor y entrega a los demás. Durante todos estos años, Dios te estaba preparando para una misión especial. Nuestra vida tiene un propósito, un sentido. Él sabía lo que iba a pasar.

—También te ha utilizado a ti —le dije mientras tocaba sus suaves mejillas que comenzaron a llenarse de lágrimas.

—Sí, pero tu labor es imprescindible, por eso estoy segura de que Dios te mantendrá con vida hasta que completes esa misión. Te quiero, Corrie.

Nos abrazamos mientras la noche se cernía sobre Haarlem y nuestra angustia, aunque fuera por un momento, se convertía en un gozo inefable.

Aquel fue el último día que me sentí bien. A la mañana siguiente, me levanté muy enferma y Betsie me obligó a permanecer en la cama.

Escuché un ruido. Era el 28 de febrero, y Eusie llevaba algunas cosas con María y Thea para esconderlas en la habitación secreta.

—¿Cómo te encuentras? —me preguntaron.

Apenas pude mover la cabeza; me sentía como en una nebulosa. La fiebre no me dejaba descansar. Me dolía todo el cuerpo y en especial, la cabeza. Todo aquel ruido me estaba volviendo loca.

—Por favor, no hagan tanto ruido.

Me quedé de nuevo dormida y no sé cuánto tiempo después vi a mi hermana acercándose a la cama con una infusión caliente.

—¿Cómo te sientes?

—Creo que me va a estallar la cabeza.

—Mañana comenzarás a sentirte mejor —me contestó, mientras me ayudaba a incorporarme y comenzaba a darme la taza para tomar pequeños sorbos.

—¿Por qué hay tanto ajetreo?

—Estamos preparándonos por si acaso. No queremos que los nazis encuentren nada sospechoso.

—Ojalá llegue pronto la primavera —le contesté, aunque ya no sabía lo que decía.

—Hay un hombre abajo y quiere hablar contigo. Sé que no te encuentras bien, pero parece importante.

No lo podía creer. Me sentía morir y mi hermana me pedía que bajase tres plantas para ver a un desconocido.

Me levanté con dificultad, estaba mareada y me sentía muy débil. Era raro que enfermara, pero aquellas fiebres me habían dejado destrozada. Me vestí como pude, logré ponerme en pie y bajar las escaleras. Al llegar a la otra planta, escuché las voces de la gente reunida para escuchar a Willem, que tenía un servicio los miércoles. Estaban también Nollie y Peter; este último tocando el piano. Pensé que había sido una locura no suspender todo aquello, pero por otro lado, era mejor que guardásemos cierta normalidad, sobre todo si nos tenían vigilados.

A llegar a la tienda, casi me desplomé. Justo enfrente, vi a un hombre bajito de pelo color trigo que se acercó nervioso, como si se le moviera algún resorte.

—¿Es usted la señorita ten Boom?

Me quedé mirándolo. No lo conocía de nada, pero había algo en su mirada que no me gustó. No me miraba directamente a los ojos y eso no me parecía un buen presagio.

—¿Necesita que le reparemos algún reloj? —le pregunté para seguir el protocolo que solíamos tener con todas las personas que se acercaban por primera vez. Ahora que los nazis nos estaban vigilando, debíamos ser más precavidos que nunca.

—No tengo ningún reloj roto. Necesito algo más importante.

—Aquí reparamos relojes; no sé de qué otra manera podemos ayudarlo.

—Tiene que prestarme dinero, unos seiscientos florines. Yo soy pobre y tengo que sobornar a un policía.

—Nosotros no tenemos ese dinero en casa.

—Usted tiene contactos.

—¿A qué se refiere con contactos?

—Si no consigo el dinero, se llevarán a mi mujer a Ámsterdam y ya no podremos hacer nada por ella. Se lo suplico, señora.

—Regrese en media hora; le prepararemos todo.

El hombre me lo agradeció y desapareció por la puerta, pero yo me quedé pensativa, angustiada, como si aquello no encajara.

—Toos, tienes que ir un momento al banco para cobrar un cheque —di la orden y después regresé a la cama. La fiebre parecía más baja, pero temblaba de frío y me castañeaban los dientes.

Tomé un maletín de la habitación de mi tía Jans, donde se estaba celebrando la reunión.

—Siento no poder estar con ustedes, pero no me encuentro bien.

—Vete y descansa —contestó mi hermano—. Oraremos por ti.

Miré algunas de las cartillas que me faltaban, intenté trabajar un poco, pero estaba tan débil que me quedé dormida.

Aquella mañana, soñé de nuevo con el carro negro tirado por caballos del mismo color. También vi cómo nos subían a todos dentro y nos llevaban a otro lugar. Aquel era el día, sentí en mi corazón mientras me despertaba el sonido de un timbre insistente.

Escuché pasos y voces que pedían a todos que se dieran prisa. Aquello solo podía significar una cosa: los nazis estaban llamando a la puerta.

Me desperté y vi a todo el mundo corriendo por mi cuarto y metiéndose en la habitación secreta. No logré levantarme hasta que el último pasó por la estrecha entrada y esta se cerró. Aquel momento que tanto temíamos había llegado. Siempre nos imaginamos las cosas de una forma y suceden de otra. Aunque soy de las que piensa que es mejor pensar las cosas, nunca son exactamente como creíamos.

Tenía en mi mente a todos nuestros huéspedes. Además de a mi familia, después de todos aquellos meses, les había tomado mucho cariño. Habíamos pasado buenos momentos juntos y cada vez entendía menos por qué aquella gente quería hacerles daño. No eran nada más que seres humanos como nosotros.

Entonces, caí en que María no había llegado a la habitación secreta. De hecho, había visto solo cómo entraban tres de los seis huéspedes. Si todos no lo lograban, nuestro trabajo habría sido en vano.

En ese momento, llegó la anciana jadeante, como si estuviera a punto de caer desmayada, y detrás, uno de los miembros de la resistencia. Entonces recordé que Leendert ya no estaba en la casa; todos lo habían conseguido. Los imaginé a todos dentro, aterrorizados, temiendo ser descubiertos en cualquier momento.

Me puse en pie y cerré bien el panel. Apenas me estaba incorporando cuando escuché las botas por la escalera. Su sonido me dejó paralizada. Después me vino el olor a cuero y tela militar, hasta que, al llegar a mi cuarto, les antecedió el hedor a sudor, como si el mal pudiera olerse a distancia.

Entonces vi el maletín, había olvidado guardarlo. Abrí de nuevo la repisa y lo lancé. Logré cerrarlo justo cuando los alemanes golpeaban la puerta.

Cuando los nazis entraron, yo estaba tumbada en la cama. Me miraron extrañados. Yo me apoyé en los codos simulando aturdimiento, aunque en realidad no tenía la mente muy clara.

—¿Cuál es su nombre?

—Perdón, ¿qué dice?

—¡Su nombre! —bramó el nazi y un escalofrío me recorrió todo el tiempo. Tuve la sensación de que me estaba ladrando un perro peligroso.

—Cornelia ten Boom, aunque todos me llaman Corrie.

El hombre me miró con aquel traje vulgar de color azul, su rostro pálido como el de un fantasma y el cuerpo de un jugador de rugbi.

—¡Tenemos a otra aquí arriba, Willemse!

Aquella fue la primera vez que escuché aquel fatídico nombre.

—¡Arriba, vístase!

Salí de la cama y sentí de nuevo escalofríos. Mientras me ponía la ropa, el hombre me miró con aquellos ojos fríos y dijo:

—Usted es la líder del grupo. ¿Dónde ha metido a los judíos? No sé por qué arriesgan tanto por gente completamente desconocida.

—No sé de qué está hablando. Esta es una casa particular y lo único que hay aquí son relojes. ¿Nos quiere comprar uno?

No sé de dónde saqué aquella valentía, pero lo miré fijamente, y él, acostumbrado a que todo el mundo le temiese, pareció sentirse muy incómodo. Pero después, comenzó a reírse.

—Tampoco sabe nada de un grupo clandestino. Me habían dicho que eran una familia religiosa, pero son todos unos mentirosos.

Yo pensaba en la gente que estaba al otro lado de la pared y quería salir lo más rápidamente de la habitación, pero la ropa se me pegaba al cuerpo por el sudor. Por fuera, parecía tranquila, pero por dentro, era un manojo de nervios.

—¡Papeles!

Los tomé de la bolsa que siempre llevaba colgada al cuello. En los tiempos que corrían, no era muy inteligente ir indocumentada. Mientras el hombre comprobaba la información, yo podía escuchar la respiración agitada de María, aunque parecía que él no lo hacía. El hombre me arrojó los papeles a la cara. Aquellos nazis se sentían bien humillando a la gente, pero conmigo no lo iban a conseguir; yo era hija del Creador del Universo.

—¡Vamos!

Yo quería salir de allí cuanto antes, por lo que comencé a bajar las escaleras a medio vestir y con los cordones de los zapatos desatados. Casi me caigo por las escaleras, pero cuanto más lejos estuviéramos de la habitación secreta, mucho mejor.

Recordé mi bolso, en el que tenía guardado todo lo necesario para la cárcel, pero como se encontraba junto a la estantería, pensé que el hombre podía poner su atención en ella o ver algo sospechoso.

Me encontré con un soldado en la otra planta. No se escuchaba a nadie y tuve la esperanza de que mis otros hermanos se hubieran ido a tiempo de la casa. La puerta estaba cerrada y no pude comprobar si había alguien. Cuando llegué a la planta baja, vi a Papá, Betsie y Toos sentados en unas sillas. Al lado, había tres de los miembros de la resistencia que debían haber llegado más tarde. El anuncio de Alpina estaba roto al lado de la ventana. Hasta eso sabían los nazis. Alguien nos había traicionado, de eso no había la más mínima duda.

El otro miembro de la Gestapo, con un traje algo más elegante —seguramente era el jefe—, estaba contando el dinero y mirando las joyas que escondíamos al lado de la escalera.

—Esta es la jefa de este grupo —dijo el alemán mientras me empujaba, como si estuviera enseñando orgulloso su presa a su compañero. Que pensaran que yo era la dirigente de algo no dejaba de hacerme gracia; siempre me había visto como una más del grupo.

—Bueno, bájala a la tienda, Kapteyn.

El hombre me retorció el codo de forma innecesaria; se veía que disfrutaba con ello. Después, descendimos los cinco escalones restantes.

Abajo había más soldados. El hombre me llevó a un rincón y comenzó a interrogarme de nuevo. Esta vez, con más violencia.

—¿Dónde están los judíos?

—No sé nada de unos judíos —le contesté mientras me retorcía el brazo.

—¿Dónde se encuentran las cartillas de racionamiento robadas?

Entonces, comenzó a abofetearme con fuerza. Nadie me había tocado jamás, por lo que al principio me sorprendió. Después pensé en Jesús, en cómo fue abofeteado y nos pidió que pusiéramos la otra mejilla. Por primera vez en mi vida, entendí aquellas palabras.

—¿Dónde están los judíos? —preguntó insistentemente. Sabía que aquel era un juego de resistencia, por lo que comencé a orar en mis pensamientos.

—¿Dónde está el cuarto secreto?

Aquellas palabras hicieron que un escalofrío me recorriera toda la espalda, pero lo que me hizo tambalearme fue una fuerte bofetada. Entonces, exclamé de forma automática: «¡Protégeme, mi Señor Jesús!».

El rostro del nazi se mudó por completo. Abrió mucho los ojos y le comenzaron a salir espumarajos por la boca.

—¡Como vuelvas a pronunciar ese maldito nombre, te mataré! ¿Entendido? Si tú no quieres confesar, lo hará la delgada.

Sabía que estaba hablando de Betsie. Que le hicieran algo a ella era mucho peor que me lo hicieran a mí.

Me subieron a la cocina y tomaron del brazo a mi hermana. Tenía los ojos y el resto de la cara hinchados, apenas podía ver bien. Justo en ese momento, se escuchó el timbre. Alguien más iba a caer en las redes de aquellos malditos asesinos. El cartel estaba quitado, pero parecía que nadie se había dado cuenta.

Willemse me vio mirando el cartel y frunció el ceño.

—Esa era su señal de alarma —comentó como si fuera un gran investigador.

Unos segundos más tarde, otra mujer estaba detenida; alguien que había venido para advertirnos que mi amigo Pickwick también había caído en la redada.

Al rato, llegó el otro alemán con mi hermana. Tenía las mejillas hinchadas y de los labios, sus dulces labios, manaba sangre.

—¿Te han hecho daño? —le pregunté, triste.

—Sí, lo siento mucho por él. Debe odiar mucho para hacer algo así.

Miré con más claridad a mi hermana; su rostro resplandecía.

—¡Silencio! —gritó Kapteyn.

Después, siguieron registrando y dieron con la radio. El alemán se acercó a mi padre. Podía ver en sus ojos la impotencia de no poder ayudar a sus hijas.

—¿Qué tipo de cristianos son ustedes? ¿No sabían que debían entregar todos su aparatos? Veo que lee la Biblia, ¿qué dice sobre obedecer a los gobernantes?

—Temed a Dios y honrad a la reina —contestó tan tranquilo, que su entereza me infundió aliento.

El nazi frunció el ceño.

—La Biblia no dice eso.

—Dice exactamente: «Temed a Dios y honrad al rey», pero en los Países Bajos tenemos una reina.

—En su país ya no hay reyes. Nosotros somos lo que gobernamos y tienen que obedecernos.

En ese momento, llegó un misionero que solía venir algunos días para charlar con mi padre. Al ver a los nazis, se echó a temblar. Después, sonó el teléfono. Era terrible, hasta que la gente se enterara, no sabíamos cuántos más caerían en las redes de la Gestapo. La gente llamaba para advertirnos, una y otra vez. Era reconfortante ver cómo nos querían, pero temíamos que pudieran rastrear las llamadas.

Betsie repartió algo de pan, pero yo solo estaba atenta a los dos alemanes.

—No han encontrado nada —dijo Kapteyn.

—Es imposible. Los judíos deben estar escondidos en algún lugar. Pondremos dos guardias en la puerta. En algún momento, saldrán o se quedarán dentro hasta que mueran de hambre y sed.

Cuando bajamos para irnos, vi a Nollie y Willem. También a Peter; al parecer, estaban prisioneros. Mi padre tenía que ver a sus cuatro hijos camino a una muerte segura; no era justo, me dije mientras el alemán me empujaba.

Mi padre levantó los pesos del reloj y, tras colocarse el sombrero, exclamó: «¡Que no le falte la cuerda!».

Pensé que era un ingenuo si creía que íbamos a volver con vida. En aquel momento, no entendí el gesto. Aquel acto cotidiano, en el fondo, era un acto de rebeldía. Los nazis querían trastornar nuestras vidas, robarnos nuestra armoniosa monotonía, pero no iban a conseguirlo.

En la calle, la nieve se había derretido embarrando todo. No había más prisioneros afortunadamente; tan solo más soldados y policías holandeses de apoyo.

Caminamos hasta la comisaría; había alemanes entre los policías. Cruzamos todo el edificio hasta el viejo gimnasio. En el suelo, había esterillas. Todos no sentamos, pero yo me tumbé agotada y aturdida por la fiebre. En las últimas horas había emporado aún más.

La policía tomó nuestros datos y los de otros prisioneros. Éramos más de treinta personas; nunca había imaginado que nuestra red era tan amplia.

En cuanto se marchó el oficial, reuní a todos.

«Debemos tener una sola versión, podemos…».

La cabeza se me nubló y fue Peter el que me sustituyó.

«El relojero ese es un confidente. No podemos contar nada, tampoco explicar que era una reunión de estudio bíblico. Somos familia y estábamos juntos».

Las últimas palabras las escuché como en una niebla; me tumbé y me quedé dormida.

Después de varias horas, nos entregaron unos panecillos y algo de agua; me sentó muy bien echar algo al estómago. Después de comer un poco, me di cuenta de que todos habían hecho un corrillo alrededor de mi padre. No podía creerlo, iban a celebrar un pequeño culto. No teníamos Biblia, pero mi padre empezó a recitarla de memoria.

Mi escondedero y mi escudo eres tú;
En tu palabra he esperado.
Apartaos de mí, malignos,
Pues yo guardaré los mandamientos de mi Dios.
Susténtame conforme a tu palabra, y viviré;
Y no quede yo avergonzado de mi esperanza.[1]

Aquellas palabras nos confortaron a todos. Al final, intentamos dormir un poco, pero fue casi imposible. Los soldados entraron y nos urgieron que saliéramos por el largo pasillo.

Al salir a la calle, nos sorprendió ver una multitud que se agolpaba alrededor de un autobús; eran amigos y familiares de los que estábamos retenidos. La mayoría lloraba o hacía algún gesto de saludo. Todos miraban al «magnífico anciano de Haarlem», el hombre más querido de la ciudad. Ayudamos a Papá a subir y vimos a Pickwick que se acercaba custodiado por dos hombres; llevaba la cara roja de moratones.

Nos sentamos cerca del conductor. Cuando todo el mundo estuvo sentado, el autobús se puso en marcha. Miré por la ventana. Tenía la sensación de que nunca más iba a volver a ver las hermosas calles de Haarlem, aquel conjunto de edificios antiguos que habían sobrevivido los avatares del tiempo. Miré a la catedral, siempre hermosa y desafiante. Sabía que aquello no era nada más

1 Salmo 119:114-116.

que el cumplimento del sueño que había tenido hacía años. Si Dios sabía que esto iba a suceder, si me había advertido, era por un motivo. Llevaba a todos mis hermanos en aquel autobús; mi padre, con aquel sombrero que comenzaba a quedarle grande, estaba a mi lado. Agaché la cabeza y le pedí a Dios que nos protegiera. Todo aquello lo habíamos hecho por Él. Sin duda, amábamos a la gente y no queríamos verla sufrir, pero era Jesús el que nos movía; Él tenía que ser el que ahora nos protegiera de todo mal.

CAPÍTULO 18

La prisión

NO ESTÁBAMOS DE EXCURSIÓN. SIEMPRE había amado aquellos días de verano en los que Papá nos llevaba al mar; eran momentos mágicos, únicos, que permanecieron en mi memoria durante años. Toda la familia estaba junta, a excepción de algunos de mis sobrinos, pero en esta ocasión no conocíamos nuestro destino.

—¿Dónde crees que nos llevan? —me susurró Betsie.

—No es a Ámsterdam. Eso es buena señal; allí está la sede de la Gestapo.

Era cierto, el autobús marchaba lentamente hacia el sur. Entre las dunas, se veían los puertos de vigilancia de los soldados alemanes. Cada vez estaba más cerca un desembarco; aquella era nuestra última esperanza.

El autobús nos llevó hasta La Haya. Siempre me había gustado aquella ciudad: elegante, pequeña, con su lago y sus edificios históricos. Vimos un edificio moderno y allí se paró el vehículo.

—¿Dónde estamos? —preguntó Papá, y uno de los hombres le contestó.

—Es la sede central de la Gestapo en los Países Bajos.

Nos sacaron y nos llevaron a una nueva sala para tomar nota de nuestros datos. A medida que nos acercábamos, los secretarios comenzaban a teclear y los dos agentes que nos habían detenido estaban a su lado dictándoles algo.

Al llegar a mi padre, el SS lo miró fijo y después se giró hacia Willemse.

—Es muy viejo. No creo que sea un peligro para el Reich. ¿Es imprescindible detenerlo?

Willemse miró a mi padre y se inclinó hasta él, como si se tratara de un viejo amigo.

—Quiero mandarlo a casa con sus relojes. Únicamente tiene que jurar que no dará más problemas.

—Yo no juro, señor, pero le aseguro que si regreso, abriré la puerta a cualquiera que lo necesite.

La cara del nazi se puso morada y, en un ataque de ira, le gritó: «¡Que regrese a la fila! ¡Estúpido viejo!».

Los nazis nos hicieron las mismas preguntas una y otra vez, como si pensaran que así podíamos caer en alguna contradicción.

Comenzaron a escucharse gritos. Un hombre judío se peleaba con un alemán porque este quería quitarle su bolso. Al final, comenzó a patalear y el hombre gritó desesperado. Me sorprendí al sentirme aliviada mientras se lo llevaban, como si no me importase la vida de aquel pobre desgraciado; sentía que la cabeza me iba a estallar.

Cuando llegó de nuevo mi turno, Kapteyn le dijo al que tomaba los informes: «Esta es la cabecilla del grupo».

«Es cierto; los demás no saben nada», contesté, pero aquel alemán con lentes redondos y con cara de funcionario no me hizo el menor caso.

Me pidió de nuevo los datos y los rellenó lentamente, como si no tuviera prisa y se encontrara en el registro civil. Después de muchas horas, nos sacaron de la sala y nos llevaron afuera. Sentimos el frío y nos encogimos. Un fuerte olor a gasolina nos anticipó que un camión se acercaba; estaba cubierto por una lona oscura. Nos obligaron a subir, pero Papá no lo logró y dos soldados lo ayudaron. Nos sentamos en el banco corrido en cada lado, y en cuanto se puso en marcha, comenzamos a dar saltos. Intenté que mi padre no se hiciera daño en la espalda y mi hermano nos informó que estábamos llegando al centro penitenciario federal en Scheveningen. Al menos, era una cárcel holandesa, pensé; un campo de concentración habría sido mucho peor.

El camión paró bruscamente. Nos hicieron descender y allí separaron a hombres y mujeres. Después, una de las guardas nos gritó que la siguiéramos. Yo di un último vistazo a la sala; Papá estaba sentado en una silla.

«¡Papá! ¡Que Dios los guarde a todos!».

«¡Y a ustedes, hijas mías!».

Salimos de la sala. No podía dejar de preguntarme si volvería a verlos a todos ellos; en especial a Papá, que era tan mayor. Betsie me tomó de la mano como cuando éramos pequeñas y recuperé la serenidad. Mi querida hermana estaba a mi lado y no podía sucederme nada, pensé, como cuando era niña y creía que un halo de protección seguía a todos los hijos de Dios.

CAPÍTULO 19

Soledad

NO HAY UN LUGAR MÁS solitario que una celda. Siempre pensé que un hospital era un lugar triste y terrible, pero es mucho peor estar en una celda, sola y sin saber el tiempo que vas a permanecer en ella. No me extraña que uno de los mandatos de nuestro Señor fuera visitar a los presos en sus cautiverios. El mismo apóstol Pablo estuvo preso, como la mayoría de los discípulos de Jesús.

Cuando nos separaron de los hombres, algo se desgarró en mi interior. Nos llevaron a otra sala y nos obligaron a permanecer de pie mucho rato. Notaba cómo mis piernas comenzaban a cansarse; ya no era una muchachuela, y mis hermanas tampoco. Al menos estábamos sobre una alfombra y el frío no nos subía por las piernas, pero después tuvimos que hacer fila delante de un escritorio para repetir por enésima vez nuestros datos.

Al llegar a la mesa, debíamos depositar todo lo que tuviéramos de valor. Lo primero fueron nuestros relojes; yo dejé el anillo de mi madre, que tenía un gran valor sentimental, y dinero. Después, recorrimos un largo pasillo lleno de puertas. La mujer fue abriendo las celdas y, tras pronunciar nuestro nombre, entrábamos en las celdas individuales.

Entró la mujer que teníamos delante, que había estado en casa, aunque no me acordaba del nombre, y después me tocó a mí. Me dolía mucho la cabeza y había perdido la noción del tiempo. Es curioso cómo este puede contraerse o estirarse según el estado de ánimo, pero era como si mi anterior vida hubiera sucedido siglos antes.

Al abrirse la puerta, me quedé sin palabras. La celda era muy estrecha. En un lado, había una cama, pero había tres presas: dos en el suelo y la otra en el camastro con un fino colchón de paja.

—¡Dejen la cama a la nueva, que está enferma! —ordenó la carcelera en un acto inesperado de compasión.

—¡No queremos a nadie contagioso! ¡Lo que faltaba!

Al entrar, me choqué con unos pies.

—Disculpe.

—Frau Mikes, deje la cama a la mujer —insistió la carcelera. Después, me quitó el sombrero y el abrigo y los colgó de un clavo en la pared.

La mujer dejó la cama con desgano. Me tumbé y el colchón me rodeó. Noté las lamas, pero me sentí tan agotada que perdí el conocimiento. No desperté hasta el día siguiente. El sueño fue reparador, pero no suficiente.

Se escuchó el carro de la comida y las compañeras se pusieron nerviosas. Al mirar el suelo, vi a tres no a dos, en total éramos cuatro en aquel espacio minúsculo.

La ayudante de cocina dejó cuatro raciones y una de las compañeras la increpó.

«¡Somos cinco, no cuatro!».

Frau Mikes me entregó el plato caldoso pero caliente, con unas gachas grises muy poco apetitosas.

«Si no quieres, me lo das a mí», dijo de nuevo Frau Mikes, algo más amable que las otras veces.

El silencio regresó a la celda hasta que, a media mañana, cambiaron el agua sucia por limpia y algunas se asearon, aunque el olor de la habitación era insoportable: una mezcla de paja podrida, sudor y pies. La humedad que cubría las paredes y el murmullo de las compañeras me mantuvieron despierta el resto del día. Me sorprendió estar tan rodeada de gente y sentirme tan sola al mismo tiempo. Siempre había sido una persona sociable, que disfrutaba de la compañía de los demás, incluso de extraños, pero en lo único que podía pensar en aquel momento era en cómo estarían mis hermanas, mi hermano y Papá… sobre todo, él. Siempre habíamos sido muy unidos, a pesar de que discutíamos a veces por mi fuerte carácter. El resto de mis hermanos tenían mejor carácter; mi hermana Nollie era algo rígida, pero yo me consideraba la peor de todas. Hubiera dado mi vida con gusto por cualquiera de ellos.

Intenté entablar conversación con mis compañeras, les hice todo tipo de preguntas y, aunque fueron amables, enseguida comenzaron a reusarme. Aquello me extrañó. Siempre había experimentado que a la gente le gustaba hablar de su vida, pero imagino que todas estaban demasiado preocupadas por ellas y sus seres queridos como para entablar una conversación.

Al menos, me sentía algo más despejada y, aunque me dolía la cabeza y todo el cuerpo, comenzaba a recuperarme levemente. La persona que había sido tan amable no era la carcelera, sino una joven baronesa. La pobre se pasaba todo el día caminando de un lado al otro los seis pasos de largo que tenía la celda. Frau Mikes era austríaca, una limpiadora que echaba mucho de menos a su pájaro; no sabía qué habría sido de él. Yo pensé en nuestro pobre gato, pero sobre todo en las seis personas que estaban escondidas en la habitación secreta. ¿Cuánto tiempo podían aguantar sin comida y sin bebida? En cuanto los pobres asomaran la cabeza, los nazis se les echarían encima, y sabía que esa era su perdición. Intenté quitarme aquella idea de la cabeza. No servía de nada que me angustiase; en el fondo, ahora dependían de Dios, como todos nosotros.

Los primeros días no dejaba de pensar en la familia, en cómo se encontrarían todos y si estarían pasando tanto frío y hambre como yo; en especial, Papá, que era un hombre mayor, pero también Betsie, que siempre estaba delicada de salud. Opté por pedirle a Frau Mikes que me enseñase a jugar a las cartas para entretenerme; nunca había jugado a ese tipo de cosas. Había logrado hacer una baraja con el papel higiénico y en eso consumía casi todo su tiempo.

Aquella lenta agonía terminó el día que una de las guardas pronunció mi nombre. Por un lado, era un alivio salir de la celda aunque fuera unas horas, aunque me temía lo peor.

«¡Ten Boom, Cornelia! ¡Recoja su abrigo y sombrero!».

Una de las mujeres me susurró que aquello significaba que iría al exterior. Aquel comentario me puso mucho más nerviosa. Caminé a toda prisa tras aquella mujer, casi sin aliento después de tantos días encerrada. Mientras cruzaba todas las puertas cerradas, me pregunté dónde podían estar mis queridas hermanas, y tuve que borrar aquel pensamiento de mi mente para no derrumbarme.

El cielo azul fue lo primero que me impresionó. Llevaba dos semanas encerrada y aquel descomunal espectáculo me dejó boquiabierta. Las nubes parecían tan puras que casi me eché a llorar recordando a mi madre, que era una enamorada del cielo y de la luna.

Me metieron dentro de un coche con un soldado y otra mujer, que por su aspecto parecía otra prisionera más, tan inquieta y atemorizada como yo.

Dios mío, ayúdame en todo. Tú tienes el control, oré en mis pensamientos. Aquello me inundó de una paz inimaginable y por eso, continué: *Úsame. Quiero ser un instrumento en tus manos.*

Estaba todavía meditando cuando un hombre se sentó delante. Bueno, más bien, lo arrojaron desde afuera como si fuera un cuerpo muerto. Parecíamos un paletón de desesperados. Los otros dos prisioneros parecían muy enfermos, y yo aún no me había recuperado del todo de aquella gripe eterna.

El coche circuló lentamente por las calles de la ciudad. Ver cómo la vida continuaba su rutina, mientras nosotros nos habíamos convertido en poco más que sombras, me estremeció, al hacerme consciente de lo insignificante de mi existencia. Las personas caminaban descuidadas, charlaban entre ellas o simplemente se dirigían a su trabajo. Ya no sería nunca más una de ellos, con temores y angustias, pero con la vaga sensación de que el mundo tenía algún tipo de sentido.

El vehículo se detuvo enfrente de un edificio que parecía de oficinas. El conductor nos abrió las puertas y ayudó al moribundo a subir las escaleras. Entramos en un inmenso recibidor atestado de personas y, tras una hora de espera, pedí ir al baño. Una enfermera me llevó hasta allí, sus modales parecían hoscos.

—¡Rápido, por aquí, quiere darse prisa!

Entró conmigo en el baño y entonces su actitud cambió de repente.

—¿Necesita algo? ¿En qué puedo ayudarla?

—Por favor, necesito una Biblia y un cepillo de dientes; también aguja e hilo.

—Haré lo que pueda.

—También jabón —añadí, intentando no abusar demasiado.

—Espero encontrar algo para usted, pero tenga cuidado con el soldado.

Aquella ayuda inesperada me animó. Sentía que Dios me protegía en todo momento. Me quité algo de mugre bajo el brazo, pero el soldado me pidió que saliera cuanto antes.

El médico me examinó poco después, me pidió que tosiera y todas esas cosas que hacen para comprobar nuestra salud. Cuando estaba saliendo de la consulta, el médico me puso la mano en el hombro y me dijo al oído: «No pierda la esperanza. Espero que mi diagnóstico pueda ayudarla».

Afuera, la enfermera se me acercó y me entregó algo rápidamente sin que el soldado se diera cuenta. Mientras regresaba a la cárcel, únicamente pensaba en dos cosas. ¿Qué era aquel pequeño paquete? Esperaba que se tratara de una Biblia; la deseaba con toda mi alma. Por otro lado, que hubiera tanta gente buena que se arriesgara por una desconocida me devolvía en parte la fe en la humanidad.

Al llegar a la celda, abrí el paquete y mis compañeras me rodearon. Al ver el jabón, gritaron de alegría. Lo partí y le di un poco a cada una. El último paquetito eran los cuatro Evangelios en varios libros, pero eso ya no les interesó a mis compañeras, aunque para mí fue el mejor de los regalos.

«Como te pillen con eso, te doblarán la condena», me dijo la austríaca, pero no me importaba; los Evangelios eran mi mayor tesoro.

Los días continuaron monótonos, pero dos noches más tarde, se abrió la puerta y la guardia me ordenó que recogiera mis cosas y la siguiera. Ni siquiera me dejó despedirme de aquellas mujeres; no sabía si las volvería a ver jamás. Me llevó hasta otra celda más cercana, abrió y me dijo que entrase. Me quedé sin palabras. Aquella celda desprendía un olor nauseabundo, como si hubiera tenido a un muerto durante mucho tiempo. Tiré toda la ropa sucia de la cama a un lado y no me atreví a tocar el colchón, que era desde donde se desprendía aquella pestilencia.

No sabía a qué se debía aquel cambio, ni si era para ayudarme. La soledad en aquel lugar infecto era mucho mayor, la fiebre me aumentó y a la mañana siguiente, me sentía mucho peor; creía que iba a morir.

Al día siguiente, me trajeron la comida, pero no pude moverme para alcanzar la bandeja. Pasó un día más y la que hacía el reparto vio que había dejado todo y me lanzó el pan al lado de la cama. Lo levanté del suelo y pude comer un poco.

Un día más tarde, entró el hombre que repartía las medicinas.

«¿Ha visto a un anciano?», le pregunté, a pesar de mi debilidad.

«No podemos hablar».

Apareció enseguida una de las guardias y me reprendió.

«Las prisioneras incomunicadas no pueden hablar con nadie. Si lo vuelve a hacer, será castigada».

A finales de semana, al ver que mi fiebre remitía un poco, dejaron de acercarme la comida a la cama. Una de las guardias comenzó a gritarme, como si estuviera fingiendo mi enfermedad.

«¡Todo el día tumbada! La gran señora no quiere hacer ningún esfuerzo».

Aquel comentario me pareció tan cruel. ¿Qué podía hacer en mi estado y encerrada todo el día?

El aislamiento me afectó mucho. Ya no podía ni orar, no sentía nada. Apenas podía pronunciar algunas palabras sueltas y aquello también me frustró; pensaba que no era una buena cristiana. De alguna manera, mis pensamientos eran mis enemigos, como si Satanás pudiera controlar por completo mi mente.

Recuperé poco a poco la salud y, como había una pequeña ventana, podía ver algo de cielo y leer la Biblia.

En aquel momento, comprendí mejor que nunca las Escrituras. Quise pensar que Dios tenía un propósito para todo aquello y me animé. Después comencé a anotar los días en la pared. Quería ser consciente de cuánto tiempo llevaba allí encerrada. Por mis cálculos, había sido detenida el 28 de febrero y debía ser mediados de marzo cuando me habían aislado, por lo que concluí que estábamos a mediados de abril; mi cumpleaños lo había pasado en la cárcel sin darme cuenta. Intenté imaginarme cómo habría sido y terminé cantando. Al poco rato, una carcelera me reprendió.

Unos días más tarde, me dejaron ducharme. Aquella fue una experiencia única. El agua estaba perfecta, y me relajé por primera vez en mucho tiempo. Allí vi a otras mujeres; las primeras con las que me cruzaba en semanas.

Encontré una pequeña hormiga en mi celda y me pasé días observándola. Una de las tardes, pasó algo inesperado. Las mujeres comenzaron a gritar. Al parecer, era el cumpleaños de Hitler y todas las guardias estaban celebrándolo. Comencé a preguntar por mi familia y las voces fueron enviando mi mensaje por todo el pasillo.

Empezaron a llegar mensajes de todo tipo, incluso algunos del estado de la guerra. Los aliados habían comenzado la invasión de Europa, pero aquello no me importaba tanto como cuando escuché que una de las mujeres de la celda más próxima me decía: «Betsie ten Boom está en la celda 312, Nollie estaba en la celda 318 pero fue liberada hace un mes, igual que William, Herman y Peter». Aquella era la mejor de las noticias, pero me inquieté por mi padre. ¿Por qué nadie me había dicho nada de él? Intenté no pensar demasiado; sabía que era inútil. Debía alegrarme por los que habían logrado escapar de este infierno, aunque lo sentía por la pobre Betsie... nosotras seguíamos en la cárcel por vivir en la casa de la Beje.

Pasaron unos días y recibí un paquete; imaginé que era de mi hermana Nollie. Además de un suéter azul, había una toalla roja, hilo y aguja, galletas y vitaminas. Todo aquello me hizo sentir más cerca de casa, como si por un instante hubiera regresado a la calles de Haarlem y pudiera estrechar los brazos de toda mi familia; ellos estaban bien y muy cerca.

Iba a tirar el sobre cuando vi el sello y las letras de mi hermana. Me fijé un poco más y vi unas letras diminutas, casi indescifrables: «Todos los relojes de tu armario están seguros».

Aquello me llenó el corazón. Todos nuestros huéspedes se encontraban a salvo. Al final, el esfuerzo y el sacrificio no habían sido en vano. ¡Dios era bueno!

Entonces, comencé a llorar y saltar de alegría. Hice tanto escándalo que de inmediato vino la guardia.

«¡Silencio! ¿Qué sucede?».

«Perdón, no volveré a hacer ruido», dije en tono más bajo.

Comencé a orar de alegría y gozo. Dios había escuchado todas mis oraciones y las había respondido con creces. Ya no temía lo que pudiera sucederme.

CAPÍTULO 20

El oficial alemán

LA CAPACIDAD DEL SER HUMANO para acostumbrarse a casi todo es increíble. Tras tantos meses encerrada, ya casi nada me molestaba o alteraba. Tenía unas rutinas de oración, hacía algo de ejercicio, cubría los días en mi calendario, observaba el cielo a través de la ventana, a mi pequeña hormiga y leía la Biblia. Todos los días parecían iguales, rotos por la monotonía de alguna puerta que se abría, por alguna compañera que nos abandonaba. Como la prisionera que sabía escuchar cada movimiento e identificarlo, me había hecho toda una experta. Por eso me extrañó aquel sonido de botas militares; sin duda, de un soldado alemán.

Los pasos se pararon frente a la puerta, se escucharon los cerrojos y la carcelera apareció con un oficial alemán.

El hombre iba impecablemente vestido, como solo sabe hacerlo un oficial nazi. Sus botones resplandecían, el traje estaba bien planchado y olía a limpio, aunque lo que me encantó fue su loción de afeitado, me recordó a la de papá.

—Señorita ten Boom, quiero hacerle unas preguntas —me dijo educadamente y en un perfecto holandés—. Si sería tan amable.

La guardiana dejó un taburete enfrente de una cama, el oficial pasó y se sentó. Después, la puerta volvió a cerrarse.

Lo miré con curiosidad más que temor. Por alguna extraña razón, aquel hombre no me causaba el mismo temor que los otros nazis que había conocido. El hombre sacó una libreta y un bolígrafo, y comenzó a leer una lista de nombres.

En aquel momento, lo que más me preocupó fue mi indumentaria. No era un simple ataque de coquetería; era más bien un acto de dignidad.

No conocía ni a una de las personas que el hombre pronunció.

—No conozco a nadie.

—Está bien —respondió con amabilidad—. ¿Se ve con fuerzas para asistir a una audiencia?

Me sorprendió la pregunta. Aquella amabilidad me parecía inusitada.

—Sí, claro, creo que sí.

El hombre se puso en pie, hizo un gesto de saludo, la guardiana entró, tomó el taburete y me dejaron a solas con mis pensamientos.

Ahora que tenía aguja e hilo, cosía para entretenerme. Las horas pasaban muy lentas en la celda y, tras la visita del oficial, sabía que muy pronto saldría de aquella rutina. No estaba segura de preferirlo. Al fin y al cabo, si quedaba poco para que la guerra finalizara, era mejor esperar allí que terminar en un campo después de un juicio.

Estaba concentrada en mis costuras cuando alguien metió un sobre por la ranura de la celda. Era una carta de mi familia. Al fin tenía noticias de casa, pero de alguna forma sentí miedo, un miedo inexplicable.

El sobre estaba abierto por los vigilantes. Saqué el papel y en cuanto comencé a leer me estremecí: «Tengo una noticia que me resulta muy difícil darte. Papá sobrevivió a la detención solo durante dos días. Él está ahora con el Señor…».

El tiempo se detuvo, mi alma se paralizó, mi mente quedó en blanco y mantuve la hoja en la mano hasta que un leve rayo de sol la atravesó. La palabra *Papá* brilló con tanta fuerza que mi corazón se desbocó y comencé a llorar. Nollie no entraba en detalles. Tal vez los desconocía… tampoco me interesaban.

Escuché pasos y corrí hasta la puerta.

—Por favor, por favor —supliqué.

—¿Qué le sucede? —me preguntó una voz de mujer.

—He recibido una noticia terrible. Por favor, no se marche.

—Un momento —dijo la voz mientras se alejaba.

Después, la puerta se abrió y una mujer muy joven me dio un vaso de agua y una pastilla.

—Es un sedante, esto le ayudará.

—Mi padre ha muerto. ¡Es terrible!

—¿Su padre?

La mujer parecía sorprendida. Le debía parecer muy vieja para tener un padre.

—Usted está aquí por desobedecer las leyes del Reich. No me importa lo que le haya sucedido —dijo con una voz fría y después cerró la puerta.

Comencé a llorar y me puse a orar. Dios me podía dar el consuelo verdadero que nunca me daría una nazi, cuya alma parecía entregada al mismo diablo. Pensé que Papá y Mamá estaban juntos de nuevo con Cristo y apunté en mi pared la fecha: «9 de marzo de 1944, Papá, liberado».

Unas semanas más tarde, me sacaron de mi celda sin mediar palabra y dos guardias masculinos me llevaron por varios pasillos hasta un patio interior. Estaba lloviendo, pero me pareció algo muy agradable sentir el agua sobre mi piel. Era mayo y por fin parecía que me presentaría en la audiencia.

En el patio se veían altos muros, pero a uno de los lados, había unas cabañas de madera, donde se realizaban los interrogatorios. Tuve miedo, pero intenté sobreponerme.

«Señor, ayúdame, tú también sufriste un juicio injusto. Dame las palabras adecuadas».

En la cabaña cuatro, había plantados unos tulipanes marchitos, pero aquello me iluminó y le pedí a Dios que fuera esa la que me tocara. La guardia que iba delante pasó por la primera, después la segunda y la tercera, deteniéndose justo en la cuarta.

La guardia saludó al oficial, que iba de nuevo impecablemente vestido, con todas sus condecoraciones. El hombre se quitó el sombrero y me saludó al entrar.

«Soy el teniente Rahms, pero ¡está temblando! Deje que encienda el fuego».

Aquel amable oficial me miró con cierta dulzura. Me quedé petrificada; no esperaba tanta amabilidad de mi interrogador.

El hombre arrojó a una estufa negra algunas piedras de carbón; parecía un padre de familia cuidando el fuego del hogar. Yo era demasiado confiada y no quería que aquello me hiciera bajar la guardia.

Dios mío, no permitas que mi credulidad y debilidad pongan a nadie en peligro, oré.

La silla que me sacó era agradable y el fuego relajante. A pesar de todas mis precauciones, comencé a relajarme.

—Qué bonitos deben haber estado esos tulipanes; llegaron a espigarse mucho.

—No lo puede ni imaginar. Eran muy bellos, los mejores que he cultivado nunca. Me sorprende que en este entorno hostil se den tan bien, pero esta es la casa de los tulipanes. ¿Le gustan las flores?

—No tenemos mucho jardín, pero sí numerosas macetas por todas partes. Mi madre era una gran amante de las plantas y me contagió su pasión. Para mí son muy especiales, siempre tan agradecidas. Hay gente que dice que tienen algún tipo de inteligencia.

—Me ha caído bien, señorita ten Boom, y me gustaría ayudarla. Debe contarme todo lo sucedido. Si es sincera, quizás podría hacer algo por usted, pero no debe mentirme.

Aquello me puso en guardia de nuevo. Pensé que toda su amabilidad no era nada más que una estratagema, una forma de ganarse mi confianza. Él era un profesional, pero aunque no lo sabía, yo también lo era. Había aprendido durante todos aquellos años; sabía lo que debía y no debía decir. En el fondo, íbamos a jugar una larga partida de ajedrez como la que jugaba mi padre con sus nietos.

Durante una larga hora, usó sus trucos. Todos se parecían a los que ya había ensayado, por lo que no me costó mucho sortearlos. En el fondo, yo ignoraba casi todo, menos de dónde venían las cartillas de racionamiento y algunos datos de mis huéspedes;

me alegraba no saber nada más. El oficial se dio cuenta de que no sabía gran cosa y dejó de tomar nota de mis respuestas vagas y poco creíbles.

—¿Qué es lo que hacía en esa casa?

—Es la casa familiar. Ya podrá imaginar qué hacemos en casa las mujeres.

—Sí, pero me refiero a las otras actividades.

—¿Las de la iglesia? Yo cuido a niños discapacitados, son muy agradecidos y merecen toda nuestra consideración.

El hombre pareció enfurecerse de repente, lanzó el bolígrafo sobre la mesa y exclamó:

—¡Qué pérdida de tiempo! ¡Una persona normal tiene el valor de todos los imbéciles del mundo!

Aquel hombre amable, de delicadas formas, amante de las plantas y que parecía civilizado y gentil, no era más que otro nazi.

—¿Puedo decirle la verdad, teniente Rahms?

—¿Qué verdad?

—Lo cierto, señor, es que Dios tiene un punto de vista muy diferente al nuestro, tan distinto que no podríamos conocerlo si no fuera porque Él lo ha revelado a través de Su Palabra.

El hombre me miró con curiosidad. Quería ver hasta dónde me atrevía a llegar. Yo misma estaba sorprendida. No sabía de dónde estaba sacando el valor. Aquel hombre podía disponer en cualquier momento de mi vida o de mi suerte.

—Dios nos dice en la Biblia que no nos ama por lo que hacemos, por nuestra fuerza o inteligencia; nos ama por lo que somos. Somos Sus criaturas. ¿Quién sabe si para Dios es más valioso un deficiente que una relojera holandesa o un teniente alemán?

El oficial se puso de pie. Parecía malhumorado, cosa que no me favorecía en nada. Después, abrió la puerta y dijo secamente: «Hemos terminado por hoy, señorita. ¡Guardia!».

El soldado se acercó por el camino de grava. «La prisionera regresa a su celda por hoy».

Me marché abrumada, sintiéndome como una idiota por haber hablado de aquella manera, pero era como pensaba; no podía dejar que aquel hombre insultase a mis dulces niños.

A la mañana siguiente, el oficial fue a buscarme en persona hasta la celda, me dijo que lo siguiera y me invitó a pisar la estera que teníamos prohibida. Era una de las muchas normas absurdas que teníamos que cumplir cada día; creo que simplemente para que las guardias sintieran que tenían el control.

Al salir al patio, el sol casi me cegó.

—Hoy caminaremos al aire libre. Necesita que le dé un poco el sol, está muy pálida.

Caminamos hasta una esquina donde el sol alumbraba y apenas había corriente.

—Le voy a ser sincero. Anoche no pegué ojo pensando en ese libro que mencionó, y me preguntaba si podía contarme… ¿qué más cosas cuenta?

Yo estaba con los ojos cerrados disfrutando del sol, cuando aquella petición me dejó sin habla.

—Bueno, pues… —dije titubeando. No me esperaba aquella pregunta—. Dice que la Luz vino a este mundo y que ya no tenemos que seguir caminando en la oscuridad. ¿Hay oscuridad en su vida?

El hombre se quedó pensativo, cerró los ojos y, por primera vez, detrás de aquel rostro amable, sentí al ser humano que había detrás.

—Dentro de mí hay una gran oscuridad. El trabajo que hago aquí es terrible. No lo puedo soportar.

En ese momento, se abrió por completo. Me contó sobre su vida en Alemania, en la ciudad de Bremen, su afición al senderismo, lo que sentía con el contacto con la naturaleza y sobre su familia.

—Mientras camino por el campo y observo toda esa belleza, siento una gran paz.

—Es porque Dios hizo esa hermosa creación en armonía.

—Bremen fue bombardeado hace unos días. Cada día, me pregunto si mi familia…

No pudo terminar la frase. Se notaba el nudo que tenía en la garganta.

—A veces no puedo verlo, pero Jesús me enseña en Su Palabra el camino a seguir. Él es la Luz del mundo y puede brillar también en su corazón, si se lo permite.

El hombre agachó la cabeza y pude ver la insignia de la calavera sobre la visera, aquel símbolo de muerte que arrastraba a todas partes. Era como si los mismos ángeles del infierno estuvieran actuando a través de las SS y la Gestapo.

—Usted no sabe nada sobre la oscuridad. La mía no puede ser iluminada.

El soldado me llevó a mi celda. El oficial me llamó al día siguiente, pero ya no para interrogarme. Simplemente, me hablaba de su vida y yo de la mía.

El oficial parecía disfrutar de las historias que le contaba, hasta que llegué a nuestra detención y la muerte de mi padre.

—¿Por qué trajeron a un anciano como él aquí? —preguntó furioso.

Me encogí de hombros.

—Ahora está con mi madre y con Jesús. No es que me agrade estar separada de él, pero ya ha sido liberado. ¿Por qué me aislaron?

El oficial me contó que el médico había puesto en su informe que era contagiosa.

—Las guardias se comportan de una forma muy cruel con nosotras.

—Su trabajo es mantener la disciplina. En las cárceles, es lo más importante.

—Ya no soy contagiosa. Podría regresar con mis compañeras. ¿Podría ver a mi hermana?

El hombre sonrió, aunque era más bien un gesto de dolor.

—Mi uniforme me hace parecer poderoso, pero le aseguro que no tengo prácticamente ninguna autoridad. Mis subordinados me obedecen, pero mi cárcel es este uniforme; estoy atrapado y ya no tengo remedio.

El último día, entramos de nuevo en el despacho y me hizo firmar la declaración.

—¿Sabe una cosa? Quiero creer como usted, pero no entiendo cómo, si Dios ama tanto a Sus hijos, les permite sufrir. ¿Por qué dejó que su padre muriera en prisión? Una persona tan bondadosa como él…

Yo tampoco lo entendía. Sabía que había un plan mayor, pero me hubiera gustado que Dios se lo hubiera llevado de otra forma. Entonces, recordé cómo mi padre respondía siempre las preguntas difíciles.

—Algunas cosas son demasiado difíciles, demasiado pesadas, y Dios las soporta por nosotros, como hacen los padres con sus niños pequeños.

El oficial me miró con cierta tristeza y llamó al soldado.

—Llévese a la prisionera; ya ha terminado todo el proceso.

Después, se inclinó hacía mí y me dijo en un susurro:

—Camine despacio cuando pase por el corredor F.

No entendí bien el mensaje. Caminé más despacio que nunca y vi cómo una guardia abría una puerta. Me puse detrás de la guardia y miré. Tenía que ser la de Betsie.

La vi de espaldas, distinguí su moño, pero lo que más me sorprendió fue que Betsie había convertido la celda en un hogar. Ya no era la prisión de Scheveningen; ahora era una casa hermosa y acogedora. Todo estaba recogido y limpio; había colocado telas en las paredes y su mano estaba por todos lados.

—¡Acelera el paso! —gritó la guardia y aquella visión momentánea desapareció de mis ojos, pero ahora sabía que se encontraba bien y que era útil para los demás, como siempre.

Al día siguiente, abrió la puerta una de las guardias, que parecía nerviosa. Después entró una alemana alta, rubia, de rasgos casi angelicales, pero fría como el hielo.

—Aquí tampoco hay ropa de cama; deben cambiarse cada dos semanas como mucho.

Luego me miró, como si me estuviera desnudando con la mirada.

—¿Cuántas duchas se ha dado la prisionera? Apesta.

—Una a la semana, sargento.

La sargento sabía que aquello era mentira.

—Ahora irá dos veces a la semana. ¿Entendido?

Miró todo el cuarto y dijo seca de nuevo:

—Quite esos adornos. Registre la habitación.

Tras la última orden, simplemente desapareció. La guardia miró debajo de la cama y cerró la celda.

Después de aquella extraña visita, el oficial regresó a mi celda con la sargento.

—Tiene que venir. Ha llegado el notario.

—¿El notario? —le pregunté, extrañada.

—Por el testamento.

Aquello me preocupaba muy poco, pero cuando llegué a la cabaña donde estaba el despacho del oficial, vi a mi hermano. Nos abrazamos con todas nuestras fuerzas, como si quisiéramos atravesarnos el uno al otro.

«Corrie, mi hermanita», dijo con toda su dulzura.

Entonces, noté el brazo de Nollie y me eché a llorar. Entre las lágrimas, escuché la voz de Betsie. Estábamos los cuatro juntos de nuevo. El otro hombre era el notario del barrio.

Willem estaba amarillo, Betsie muy delgada y a Nollie la vi bien. Mi hermano había enfermado en la cárcel y su salud era delicada.

El oficial nos miraba desde la puerta mientras nos abrazábamos y contábamos detalles de lo sucedido.

«Papá fue llevado a un hospital y enterrado después en una fosa común, pero lo hemos localizado», me contó Willem.

Pregunté en voz baja por los huéspedes. Todos estaban bien; habían logrado salir cuatro días más tarde, pero María había sido capturada un tiempo después.

El notario leyó el testamento. Mi padre nos había dejado la casa a Betsie y a mí, pero si la vendíamos, tendríamos que repartir el dinero entre los cuatro. Firmamos todos las últimas voluntades de papá.

«Tómense de las manos —dijo Willem, y comenzó a orar—. Gracias, Dios, porque nos has permitido estar juntos de nuevo, por la protección de este buen hombre. Te pedimos tu bendición para nuestras vidas, que sigas ayudándonos en todo; en especial, a Betsie y a Corrie, protégelas del mal. Queremos que la hermosa herencia de mi padre, que fue la fe, su amor y cariño, se extienda a este oficial por este arco de misericordia, y que bendigas también a su familia. Lo pedimos en nombre de tu Hijo Jesucristo. Amén».

Cuando abrimos los ojos, el oficial ya no estaba. Únicamente escuchamos sus pasos alejarse, aunque le pedí a Dios que pudiera encontrarme algún día con él en el paraíso.

TERCERA PARTE:

TIENES QUE CONTARLO

CAPÍTULO 21

Camino al campo

LAS COSAS EN LA CÁRCEL eran siempre imprevisibles. A la terrible rutina diaria, había que añadir los cambios imprevistos. Las carceleras podían abrir una celda y desalojarla en minutos. Eso sucedió poco después del encuentro con mis hermanos. Aún saboreaba lo que era que todos estuviéramos unidos, aunque fuera por unos breves instantes, cuando la guardia me ordenó con brusquedad que guardara mis escasas pertenencias en la funda de mi almohada y que me preparase para un traslado.

Lo primero que se me pasó por la cabeza era que las tropas aliadas debían estar acercándose y por eso nos trasladaban, aunque eso en el fondo no importaba. Habían pasado dos semanas y nadie me había leído una sentencia. No sabía si estaba acusada de algo en concreto ni qué condena tenía. Una de las formas que tenían de torturarnos era esa incertidumbre, el desasosiego que produce la desesperanza.

Guardé todo y me aseguré de que la pequeña Biblia que llevaba colgada a la espalda no se viera. Después, me puse el abrigo y el gorro. Me dolían todos los huesos del cuerpo, pero en cuanto comenzaba a moverme, las molestias comenzaban a desaparecer. No puedo decir que le hubiera tomado cariño a aquel lugar, pero sí me había acostumbrado a él, y me temía que el siguiente no iba a ser tan «cómodo».

A pesar de la premura de la guardia, esperé más de una hora sentada en la cama con todo preparado. Eran los tiempos de la cárcel; siempre mucho más burocráticos y lentos que en la vida normal.

Después del largo silencio, se produjo un estrépito que hizo que me diera un vuelco el corazón. Todas las celdas se abrieron a la vez y salimos al pasillo. Allí nos ordenaron que nos colocásemos de cinco en cinco. Me gustó ver a gente; cualquier cara era para mí como una inmensa novedad.

Una evacuación sin duda significaba que los aliados se encontraban muy cerca. Aquellas eran buenas noticias… pero también tuve un mal presentimiento.

Dios mío, que no nos envíen a Alemania, pensé. Sabíamos cómo eran allí los campos de concentración.

Nos dirigimos todos al patio. Allí nos dejaron en formación durante mucho tiempo, pero al menos nos daba la intensa luz del sol. Cuando aparecieron varios autobuses grises, giré para buscar a mi hermana, pero no la vi por ninguna parte. Me quedé algo preocupada; era muy extraño que ella no fuera evacuada. Intenté frenar mis pensamientos que siempre preveían lo peor.

Entré en el tercer autobús. Tuvimos que sentarnos en el suelo frío porque ya no tenía asientos. Las ventanas estaban pintadas de negro y no dejaban pasar la luz ni podíamos ver nada del exterior.

Un trayecto corto nos llevó a las afueras de la ciudad. Paramos en una especie de estación y nos bajaron hasta un tren de mercancías que tenía las puertas abiertas. Volví a mirar las largas filas junto al tren y al final vi el moño inconfundible de Betsie. Estaba bien y venía conmigo.

Nos quedamos varias horas hasta que comenzó a llover un poco, pero como ya era junio, la lluvia era muy agradable. Nos ordenaron que subiéramos a los vagones, pero al no haber rampas, nos resultó muy complicado. Se hizo un gran barullo: los soldados gritaban, algunas personas lloraban o se caían, ya era de noche y apenas si veíamos.

Betsie no estaba muy lejos. Intenté acercarme a ella, empujé a varias personas y subimos al vagón casi al mismo tiempo.

Estuvimos tomadas de las manos más de una hora. Sentir otra piel, saber que mi hermana mayor estaba a mi lado, me hizo sentir segura, como cuando era niña.

Logramos sentarnos en un lado, nos abrazamos y lloramos. Después comenzamos a hablar.

—Dios mío, hemos llegado hasta aquí. Ya no soportaba más estar lejos de ti.

—Yo tampoco. He intentado llevar algo de paz y amor a mis compañeras. Varias han aceptado a Jesús en sus corazones, pero anhelaba estar contigo.

—¡Cuánto me alegro! A mí me aislaron hace meses y no he podido hablar con nadie.

—Lo siento mucho… debes haberte sentido muy sola.

—Al principio fue terrible, casi me muero. Pero después logré controlar mis pensamientos y leer la Biblia.

Miré a Betsie; no llevaba ningún bulto.

—¿Dónde están tus cosas?

Ella se encogió de hombros.

—No hemos traído nada a este mundo y nada nos vamos a llevar de él.

Lo había dado todo a sus compañeras, incluida su Biblia.

El tren se movía despacio bien entrada la madrugada. Teníamos miedo de que nos llevasen a Alemania. Unas horas más tarde, vi las agujas de una catedral que me pareció la de Delft. Cruzamos un puente muy largo y nos dimos cuenta de que íbamos al sur, no hacia Alemania. Aquello nos tranquilizó un poco.

Me quedé dormida y soñé con un viaje que hice con mamá cuando era niña, aunque aquel era mucho más agradable. Me despertaron las voces de los soldados que nos ordenaban que bajásemos del tren a toda velocidad.

Estábamos en medio de un bosque, pero los nazis formaron grandes filas. Nos vigilaban desde los lados y, cuando todo el mundo estuvo abajo, comenzamos a caminar por un sendero entre árboles. Caminábamos casi al trote, y noté que le faltaba el aire a Betsie.

«Vamos, no creo que esté muy lejos», le dije para animarla.

Una mujer intentó esquivar uno de los grandes charcos que había en el camino. Un soldado le dio con la culata del fusil y, en el suelo, le disparó. Pasamos por encima de ella intentando no mirarla.

El campo no estaba tan cerca como pensaba. Caminamos al menos dos kilómetros antes de ver la alambrada a lo lejos. Cruzamos la alambrada; el sitio tenía el absurdo aspecto de un campamento de verano. Entramos en un largo barracón con mesas y bancos corridos. Nos dejaron sentarnos y nos dormimos sobre el duro tablero.

Nos despertaron los prisioneros que traían una especie de cena. No habíamos comido nada en más de veinticuatro horas, y estábamos sedientas y hambrientas.

Me atreví a preguntarle a uno de aquellos hombres dónde estábamos, y como en un susurro, me contestó: «Vught».

Por lo menos estábamos aún en los Países Bajos, cerca de Bolduque, todavía lejos de la temida Alemania.

CAPÍTULO 22

Una llegada terrible

DESPUÉS DE TANTOS MESES DE aislamiento, me había acostumbrado a la soledad que tantas lágrimas me habían ocasionado, pero el hacinamiento en el tren y el encontrarme rodeada de desconocidas ahora me ocasionaba una sensación aún mayor de ansiedad. Pasábamos las horas muertas en aquel inmenso comedor sin hacer nada. Nuestras guardianas se sentían nerviosas ahora que estábamos todas unidas y ya no las separaban las rejas ni las puertas metálicas, y parecían mucho más agresivas. Nunca habían sido amables, pero en el nuevo campo no dejaban de insultarnos y decir palabrotas. Los castigos por barracón eran constantes, desde permanecer horas en pie y formación hasta no poder hablar o perder la mitad del rancho, que aunque era asqueroso, comíamos ávidamente por el hambre.

A pesar de los gritos e insultos, la guardia que producía más pavor era la jefa. Aquella mujer gigantesca y rubia, que parecía carente de sentimientos, era la que leía la lista cada mañana. Al tercer día, una joven embarazada se cayó al suelo y nadie fue a socorrerla.

Tras dos semanas en esta situación, cuando parecía que nuestras fuerzas se agotaban, nos llamaron aparte junto a un pequeño grupo de mujeres.

«Tienen que presentarse en la oficina de admisión a las nueve en punto de la mañana», nos dijo con su mal flamenco.

Nos miramos sorprendidas. No entendíamos nada, pero al apartarnos de la «generala», que era como llamábamos a aquella mujer, uno de los encargados de repartir la comida nos dijo:

«Las hojas rosadas significan que serán liberadas. ¡Son libres!»

El resto de las compañeras se alegró por nosotras, aunque en sus rostros se podía ver la decepción.

«La guerra terminará pronto y liberarán a todas», dijo Betsie a la compañeras para animarlas.

Antes de la hora, ya estábamos formando junto a la oficina. Nuestros rostros estaban exultantes, sentíamos la suave brisa en las mejillas y algo que nos parecía oler a libertad. El sol brillaba con más fuerzas, y los bosques cercanos con sus tonos verdes nos devolvieron por un instante la esperanza. La libertad no era estar fuera de los muros de una cárcel o de las alambradas de un campo. Durante todo aquel tiempo, a pesar de los barrotes, sabíamos que nuestras almas eran completamente libres.

Nos hicieron entrar y el funcionario alemán ni siquiera nos dedicó una mirada. Para él, no éramos nadie. Después, selló los papeles y un guardia nos llevó hasta otra sala; no sabíamos qué sucedía. Pasamos horas yendo de un funcionario a otro, con diferentes formularios que rellenaban, nos tomaban huellas y nos enviaban a otro lado. A medida que pasábamos de un lugar a otro, el pequeño grupo de doce o trece mujeres se había convertido en uno de más de cuarenta, y todas estábamos igual de aturdidas y confundidas, caminando de un sitio al otro como autómatas. No habíamos perdido la esperanza, pero en el rostro de Betsie se percibía el agotamiento.

Miré por una de las ventanas mientras esperábamos en la nueva sala. Los abedules me mostraron sus troncos blancos, donde la luz se reflejaba en toda su fuerza. Me imaginé entre ellos corriendo por fin libres.

La última sala estaba aún más llena; varios funcionarios esperaban con los escritorios repletos de sobres. Nos acercamos a la mesa que nos correspondía y el funcionario, después de hacerme firmar unos nuevos papeles, me entregó el sobre. Adentro, se encontraban mis objetos personales; pensé que nunca volvería a verlos. Guardé el reloj, el anillo de mi madre y el dinero. El alemán dijo: «siguiente» y me puse a un lado.

«Creo que nos vamos de verdad», me dijo Betsie cuando recuperó sus objetos personales. Todo aquello nos lo habían quitado al entrar en la cárcel.

Al final, nos sacaron en formación y caminamos entre alambradas hasta otra parte del campo, donde había más barracones con el techo metálico. Nos hicieron esperar en formación. Comenzábamos a estar cansadas; llevábamos horas caminando y sin beber nada.

Nos hicieron pasar por otras mesas y, para nuestra sorpresa, un soldado nos dijo que debíamos dejar de nuevo todas nuestras pertenencias.

«Nos las han dado en el otro lado del campo», me quejé, pero no sirvió de nada. Los soldados actuaban de forma mecánica, siempre con tono suave pero firme.

Llevamos las cosas hasta unas ventanillas y una mujer las recogió, las metió en una caja metálica y nos mandó que nos quedásemos a un lado.

«No entiendo nada», le dije a mi hermana.

«Nos han inscrito en el campo, eso es lo que pasa. Hemos estado semanas esperando que lo vaciaran. Vaya a saber lo que le ha sucedido a la gente que se encontraba antes aquí».

Era una pregunta que no queríamos responder. La esperanza era mucho mejor que caer en la desesperación o el miedo.

Nos hicieron caminar más. Betsie parecía agotada, con el semblante serio, titubeaba a cada paso. Estuve dos veces a punto de ayudarla, pero no podíamos salir de la fila.

Pasamos al lado de unos hombres con la cabeza rapada y una especie de uniforme de presidiarios con rayas azules. Estaban cavando una zanja larga. Después, recorrimos más alambradas.

El oficial nos paró enfrente de una mujer vestida de militar con una capa.

«¡Deténganse!», ordenó el hombre y después se dirigió a la mujer amablemente. «Explíqueles la función de los búnkers».

«Los búnkers son las habitaciones para las personas que no cooperan en el campo. Su tamaño es el de una taquilla de gimnasio. Obedezcan sin rechistar, lo más rápido posible y no les ocurrirá nada malo».

Sacaron a un hombre demacrado entre dos soldados. Parecía un fantasma, con aquel aspecto demacrado y extremadamente delgado.

«Creo que no les gustará estar alojadas aquí; será mejor que cumplan las reglas».

Estábamos asustadas. Me aferré al brazo de Betsie, necesitaba su calor, saber que no me encontraba sola en aquel infierno. Después, miré al cielo que permanecía azul, recordé la oración de Papá y le pedí a Dios que llevara Él todas mis cargas.

El último tramo fue en una avenida entre barracones. Llevábamos todo el día de un lado para el otro; no sabíamos que aquel campo era tan grande. A pesar de caminar durante tanto tiempo, parecía que estábamos en el mismo lugar. Era todo exactamente igual por fuera, pero por dentro, había literas. Un lujo que no habíamos visto en más de dos semanas.

Al llegar, la matrona comprobó los papeles una vez más; lo hizo de forma tan lenta y meticulosa que creí que iba a caerme.

«No puedo más», le dije a mi hermana.

«Puede que sean muchos años, mucho tiempo. Pero ¿será una hermosa forma de pasar el resto de nuestras vidas? El tiempo que Dios nos conceda en esta tierra».

«Esas guardias nos han hablado de los búnkers. Sienten tanto odio, alguien les ha enseñado que deben odiarnos, pero si se puede enseñar a odiar, eso significa que se puede enseñar a amar. Encontraremos la manera. No importa el tiempo que tardemos, pero debemos intentarlo».

Miré a la matrona sentada a la mesa, con aquella expresión hosca, su uniforme gris, su corazón frío como el hielo. Era lo único que podía observar, pero Betsie era capaz de ir más allá. De ver a un ser humano herido, capaz de hacer cualquier cosa para devolver todo el odio que sentía a sus semejantes, aunque fuéramos completas desconocidas para ellas.

Al final, nos dejaron entrar y ocupar unas camas. No eran gran cosa, colchones de paja podrida sobre listones de madera, pero al menos podríamos tumbarnos para dormir. Me dolían las piernas, estaba agotada, pero mi hermana se mostraba solícita con el resto de las presas. No sabía de qué pasta estaba hecha, pero yo debía ser una mala cristiana; lo único que quería con todas mis fuerzas era salir de allí cuanto antes.

CAPÍTULO 23

Dios tiene un propósito

LA CÁRCEL ERA UN PARAÍSO comparado con aquel campo. Una de las compañeras más veteranas nos contó que el campo tenía poco más de un año; originalmente, se había creado para unos 31 000 prisioneros. Los primeros reclusos habían tenido que terminar la mayoría de los edificios. La gente encerrada era de muchos países y estaba allí por muy diferentes causas. Había desde miembros de la resistencia, pasando por homosexuales, Testigos de Jehová, algunos sacerdotes y pastores, gitanos, judíos, comerciantes del mercado negro y criminales. El comandante era un tal Karl Chmielewski, un tipo joven de rostro malvado, al cual no le importaba en absoluto el bienestar de los prisioneros.

—Los primeros meses fueron terribles; apenas había comida, el agua no era potable y murieron miles de personas —nos dijo la mujer gitana.

—Esperemos que termine pronto la guerra.

—Usted ha tenido suerte; saldrá a trabajar a una fábrica. Los de Phillips al menos dan un aporte extra a sus empleados, pero su hermana no lo recibirá… trabajar en remendar los uniformes se considera un oficio peor.

—Yo guardaré algo para ella —le indiqué a la mujer gitana.

Al día siguiente, comencé mi trabajo montando radios. El calor aquel mes de junio era insoportable. A primera hora ya estábamos sudando; en el inmenso salón, había cientos de hombres y mujeres, aunque nadie levantaba la vista de la mesa. Los guardias paseaban constantemente por los pasillos controlando a la gente.

Me mandaron que clasificara pequeñas varillas de vidrio por tamaños. Era muy monótono, pero al menos tenía la mente ocupada. Nunca me había asustado trabajar y era mejor que estar sin hacer nada.

Quería hablar con mis compañeros, pero los guardias no nos quitaban el ojo de encima. Un oficial le dijo a uno de los guardias calvo que había aumentado la producción, pero que muchos de los cables estaban en mal estado.

«Ya sabe que, desde que se redujeron las raciones, la gente se encuentra muy débil y por eso comete errores», le contestó. Me pareció muy valiente por su parte defendernos, aunque realmente estuviera justificando los defectos de calidad de las cosas que hacíamos allí.

«En el frente, si reducen las raciones, nuestros soldados siguen luchando valerosamente, pero estos cerdos son unos vagos que no quieren ayudar al Tercer Reich. Procure que la calidad mejore».

En cuanto los nazis desaparecieron, el guardia de la prisión dio una señal y la gente dejó de trabajar. Sacaron comida, libros, cartas y todo tipo de cosas. La gente hizo corillos para charlar y yo me quedé en silencio, como si no pudiera creer lo que estaba viendo.

En ese momento, unas seis personas me rodearon y comenzaron a hacerme preguntas.

—¿Viene de Haarlem? ¿Cómo están las cosas allí afuera?

—También tenemos la comida racionada, pero llevo más de tres meses presa; no sé cómo estará todo ahora —respondí.

—Los aliados están ya por Normandía. He escuchado que se ha producido un desembarco.

—Eso está a poco más de un día en coche —dijo uno de los hombres.

—No creo que sea tan rápido ni tan fácil, pero puede que en un par de meses.

Mi comentario desanimó a muchos, pero era mejor ser realista. Los nazis no iban a quedarse con los brazos cruzados.

—Los aliados avanzan por Italia, también por Francia, y los rusos les están dando una paliza.

—¡Hay que volver al trabajo o nos meteremos en un lío! —exclamó el guardia prisionero—. Mañana tenemos que cumplir con el objetivo semanal.

La gente regresó a sus puestos y se puso a trabajar. A veces, tenías la sensación de que estabas en un simple puesto de trabajo rodeado de tus compañeros.

—Veo que le pone interés —dijo el encargado.

—Bueno, soy relojera y me interesa conocer cómo funcionan las cosas.

—Voy a cambiarla de sección. Seguro que otra le gustará más.

Nos fuimos hasta el final de la nave, y el señor Moorman me enseñó a montar conmutadores de relés.

Las siguientes semanas me tomé tan en serio el trabajo, que Moorman me tuvo que reprender.

—No los haga tan perfectos; recuerde que son para aviones de combate. Que las soldaduras se estropeen con facilidad, ya me entiende.

—Claro, perdone, pero mi padre me enseñó que las cosas debían hacerse bien.

—La entiendo, pero en un sitio como este, las cosas funcionan de una forma distinta. El día que llegó usted aquí, uno de esos cerdos mató a mi hijo. El pobre no había hecho nada malo, pero ellos se consideran dioses aquí. Nosotros somo simples gusanos útiles por ahora.

La expresión del hombre cambió por completo; su rostro reflejaba una mezcla de odio y tristeza infinitas.

La hora del almuerzo era mi preferida. La comida era más abundante que en la cárcel, tal vez para que pudiéramos rendir más, aunque era insípida y fría.

El verano continuaba exuberante, con aquellos aromas a flores. A veces, soñaba que caminaba por el campo con mi viejo amor, Karel, que éramos felices y nuestra vida no tenía nada que ver con aquel infierno, pero enseguida salía de mi ensoñación y comenzaba a trabajar de nuevo hasta que nos dejaban regresar a los barracones a las seis de la tarde.

Betsie siempre me esperaba a la puerta del barracón, como si fuera una madre que aguarda el regreso de sus retoños. Siempre nos sentábamos un rato y pasábamos un buen momento hablando. Aquel era otro de mis momentos favoritos, estar con la persona que más quería y admiraba en este mundo.

—Hoy, dos compañeros se han hecho novios. ¿Lo puedes creer? El amor surge hasta en sitios como este —le dije a mi hermana. Ella no parecía impresionada.

—La hierba nace entre los adoquines, en el mismo asfalto; pues el amor es mucho más fuerte que la hierba del campo —me contestó con una sonrisa.

Su rostro seguía gris. La alimentación no ayudaba, tampoco las duras jornadas de trabajo.

—La Sra. Heerma me ha dejado orar por ella.

—¡Qué bien! ¡Dios es bueno! —exclamó Betsie, feliz—. Una mujer me ha reconocido hoy; una nueva en el taller.

—¿Sí?

—Al parecer, ella y su familia fueron detenidos por la Gestapo por culpa del hombre que nos tendió la trampa, el que te pidió dinero para su mujer. Era un confidente de los nazis. Se llama Jan Vogel.

Noté cómo la ira me subía por el cuerpo. Pensé que, si lo tuviera en ese momento justo enfrente, lo mataría. Por su culpa habían muerto Papá y María, Willem estaba enfermo y nosotras encerradas.

Un rato más tarde, Betsie comenzó con el pequeño devocional que hacíamos con algunas presas. Me ofreció la Biblia para que la leyese en voz alta, pero negué con la cabeza.

«No me encuentro bien».

En el fondo, lo que me sucedía era que todo el odio del mundo corría por mis venas en ese momento. Betsie quería sembrar amor en todos los corazones del campo y yo, que tenía que ayudarla, estaba llena de odio.

El odio me invadió de tal manera que aquella noche no pegué un ojo, me dirigí al trabajo cabizbaja, apenas hablé con nadie. La jornada se me hizo eterna y el señor Moorman me preguntó si me encontraba bien.

Le conté todo al encargado.

«¡Ese traidor ha hecho mucho daño a todo el mundo! Se merece que lo ahorquen cuando la guerra termine».

El hombre no me contestó, pero me miró sorprendido, creo que no esperaba aquella reacción de mí.

Aquella noche, mientras dormía al lado de Betsie y otra compañera, ya no pude aguantar más. No entendía cómo mi hermana no odiaba a aquel hombre.

«¿En serio no sientes nada por ese Jan Vogel?

«Sí, claro que siento. Terriblemente, no dejó de pensar en él».

Aquellas palabras me tranquilizaron. Me veía como el peor ser sobre la faz de la tierra.

«No dejo de orar por él… qué espantoso debe ser su sufrimiento. Le debe estar carcomiendo la conciencia».

Me quedé de piedra; no la entendía. Conocía a Betsie, pero a veces me parecía de otro mundo. Aquella capacidad de amar no podía venir de su corazón; Dios había hecho algo especial en ella.

Lo que más me enfadaba de la actitud de mi hermana era que tenía la sensación de que nos estaba poniendo a aquel hombre y a mí al mismo nivel. Que el día que Dios nos juzgara a ambos, seríamos juzgados con igual severidad. Aquel traidor había matado a mucha gente por su colaboración con los nazis, pero yo abrigaba en el alma tanto odio que lo había asesinado mucha veces en mi cabeza y en mi corazón.

Entonces, me di cuenta de que nadie va a poder justificarse en el tribunal de Cristo.

«Señor, perdona a Jan Vogel. No permitas que muera sin haberse arrepentido de todos sus pecados, pero también a mí; sé que les he causado un gran daño a él y su familia. No permitas que vuelva a albergar odio en mi corazón».

En aquel momento, sentí una paz tan grande; ya no quería que le sucediera nada malo. De alguna manera, Dios me había liberado de esa carga. En ese momento, me di cuenta de que el amor es mucho más poderoso que el odio, porque este proviene directamente del corazón de Dios, mientras que el otro viene del alma humana, que siempre se cree mejor que los demás.

Ahora entendía la misión de Betsie y estaba dispuesta a ayudarla; Dios había permitido que estuviéramos en aquel campo con un propósito. Teníamos una misión y no quería perder más el tiempo con mis sentimientos y mi autocompasión.

Dormí de un tirón. Ya no guardaba rencor contra nadie, pero, sobre todo, me había reconciliado con Dios, al que siempre había culpado de todo lo que nos había sucedido. Él conocía el camino que nos quedaba por delante, nos daría las fuerzas para recorrerlo y el amor necesario para bendecir a todas aquellas mujeres. Ellas, en su mayoría, no tenían esperanza. Dios era la verdadera esperanza.

Creer no era pensar que Él existía; realmente se trataba de confiar en Dios, de creer que Él iba a hacer lo mejor para nuestras vidas, que nos cuidaba y que jamás nos iba a desamparar. Sería nuestra luz en medio de tanta oscuridad.

CAPÍTULO 24

Esperanzas y sueños

LAS ESPERANZAS CRECÍAN DÍA A día. Corrían muchos rumores sobre los avances de los aliados. Algunos decían que el sur de Francia estaba casi liberado por completo. Los rusos estaban recuperando Bielorrusia y los polacos se habían rebelado en Varsovia. Nosotras éramos casi ajenas a todo aquello. El clima era cálido, la vida nos rodeaba por todas partes, el mundo parecía un lugar hermoso a pesar del sufrimiento y estábamos creando una pequeña comunidad cada vez más unida.

A veces, nos castigaban por cosas absurdas, como que una compañera hubiera llegado algo tarde a la formación. Nos hacían levantarnos una hora o dos antes para estar en posición de firme, aunque era hermoso ver amanecer y sentir que el mundo volvía a relucir en todo su esplendor de nuevo.

Desayunábamos un pan negro malo, pero comestible; después, algo que llamaban café y que era amargo y siempre se servía muy caliente.

El camino hasta la fábrica Phillips era muy agradable, bordeaba un bosque y en ocasiones podía observar los pájaros o algún conejo que corría al lado de la alambrada llena del rocío de la mañana. Algunas compañeras, cuando pasábamos por la sección de hombres, buscaban a sus maridos, hermanos o hijos para saludarlos. Si los veían, pasaban el resto del día contentas, como si la vida les hubiera hecho el mejor de los regalos.

A mí me gustaba estar rodeada de gente. Había hecho muchos amigos y, en ocasiones, pensaba que, sin todo lo que nos había pasado, jamás habría conocido a tanta gente maravillosa.

La vida en el campo de hombres era mucho más dura. En ocasiones, se escuchaban disparos y todas las que tenían a alguien en aquel lugar se estremecían. No sabíamos cuántos mataban cada día, pero el resultado era más viudas, más huérfanas y más madres que habían perdido a sus hijos.

A mi lado estaba sentada una mujer comunista llamada Floor. La mujer había dejado a sus hijos con unos amigos. Aquello la consolaba en parte, pero temía por sus vidas. Su marido estaba enfermo de tuberculosis y la incertidumbre parecía consumirla cada día. También temía por el niño que tenía en su vientre; su cuerpo delgado no anunciaba un embarazo sano.

—Pobre niño, no creo que quiera venir a un mundo como este.

—Bueno, puede que las cosas cambien.

—No para mí, no para nosotros —dijo mientras se acariciaba la pequeña barriga. No le daban más alimento por estar en su estado y su cuerpo parecía consumirse poco a poco.

—Deberías comer el pan de las mañanas —le dije, aunque después me arrepentí de meterme en sus asuntos.

—No quiero que muera mi marido. No sabes qué es el amor, pero respiro su mismo aire y veo su mismo cielo; eso me llena más que la comida.

—Pero el bebé… —le indiqué con la mano.

—Al bebé no lo conozco. Aunque no puedo negar que lo amo, mi marido es todo para mí. Si nace sin padre, será un desgraciado toda su vida. Mi marido es un buen hombre, le encantan los niños y sus hijos lo adoran.

La tristeza estaba en la cara de muchos de los prisioneros, pero a veces lográbamos superar todas nuestras penas y reírnos. Había algunos que imitaban muy bien a las guardias, pero en cuanto escuchábamos que se «acercaban nubarrones», parábamos. Era la contraseña de que los nazis estaban cerca.

Una de mis compañeras me miró y me dijo: «Pronto serás liberada».

Me quedé casi sin palabras.

«¿Por qué piensas eso?».

«¿No me dijiste que las detuvieron por lo de las cartillas de racionamiento? Eso son seis meses. Echa el cálculo».

Tenía razón. Si era cierto que debíamos cumplir una condena de seis meses, el día 1 de septiembre teníamos que ser liberadas. Desde entonces, comencé a marcar en mi mesa los días que quedaban para esa fecha.

Cuando regresé aquella tarde al barracón, se lo conté a Betsie.

«Será mejor que no te hagas muchas ilusiones. Nadie nos ha dicho el tiempo de nuestra condena. Creo que los nazis nos han encerrado aquí y han tirado la llave. ¿No te has dado cuenta de que están más nerviosos? La guerra les va mal; no van a liberar a nadie».

«Parece como si no te importara» le dije, pero enseguida me sentí mal. No quería herir sus sentimientos y, aunque estábamos haciendo una gran labor, yo temía por su salud y también por la mía.

Una mañana, escuchamos que los aliados estaban llevando a la princesa Irene a Bélgica. Los holandeses en el exilio habían podido organizar un batallón y se acercaban a los Países Bajos.

Las guardianas parecían más irritadas cada día, no dejaban de pegarnos e insultarnos, y no tenían piedad con nadie. No les importaba que la persona estuviera enferma o fuera demasiado mayor para ir más deprisa. Las únicas privilegiadas eran un grupo de prostitutas a las que usaban algunos prisioneros y soldados, pero a medida que la tensión crecía, las guardias comenzaron a tratarlas también mal a ellas. Los disparos sonaban todas las mañanas y todas las tardes, lo que nos hacía pensar que se estaban intensificando los fusilamientos.

Una mañana, la señora Floor no le llevó a su marido el pan negro; sabía lo que significaba aquello. Después, cuando nos reunimos para orar en nuestro barracón, se acercó por primera vez. Cada día éramos más. El miedo movía a muchas a acercarse a Dios.

—Siempre he sido atea —dijo mientras nos alejábamos a nuestro camastro.

—¿Siempre?

—Sí, mi familia lo era. Me pregunto si creemos lo que nos han enseñado, si estamos predeterminados en algún sentido.

—No lo sé. Mi familia siempre fue cristiana, pero fui yo la que decidí creer. Si hubiera nacido en una familia atea, puede que yo también lo fuera, aunque creo que Dios nos busca. Seguramente, me hubiera encontrado.

—¿Crees que Dios está aquí?

—Esta aquí más que en ningún otro sitio. Él siempre está al lado de la gente que sufre.

—¿Qué sabrá Dios del sufrimiento? —dijo con cierta desazón.

—Dios se hizo hombre, sufrió como nosotros, murió como nosotros.

—¿No te parece débil un Dios que se hace humano?

No era una pregunta fácil.

—Creo que es el mayor acto de amor que podía hacer por nosotros. Dejar Su gloria y humillarse, dar a Su Hijo. Tú eres madre. ¿Darías a tus hijos por esas guardianas?

—Claro que no.

—Pues Él murió por todos, incluso los que lo estaban crucificando.

—¿Por qué tanta muerte?

—Debía vencer al pecado y a la muerte. Esa era Su misión, pero muchos prefieren las tinieblas a la luz.

El día 1 de septiembre no nos liberaron. Lo único que sucedió fue que nació el niño de la señora Floor, pero ella estaba muy débil y murió en el parto. El pequeño no sobrevivió más de cuatro horas.

Unos días más tarde, a lo lejos comenzaron a escucharse bombazos. Decían que era la artillería que libertaba Brabante, una localidad muy cerca de Vught. El día de nuestra liberación se aproximaba.

CAPÍTULO 25

Descontrol

ALGO SE COCÍA EN EL ambiente, además de la actitud de las guardias, que parecían más nerviosas e irritables que nunca. La mayoría de las prisioneras, como si el final de la guerra fuera inminente, planeaban cómo sería su vida tras la guerra. Yo hablaba con Betsie sobre nuestra casa, cómo estarían nuestras pobres plantas y el gato, pero aquella especie de espejismo terminó cuando hablé con una de las prisioneras del campo llamada Helga Deen.

Helga era una periodista judía de apenas dieciocho años, pero de una gran madurez e inteligencia. Habíamos logrado hablar un par de veces, pero de cosas superficiales. Aquella tarde, después de regresar del trabajo, la encontré escribiendo en su diario.

—¿Estás bien? —le pregunté, mientras me sentaba a su lado en unos escalones.

—Bueno, mi madre es médica en el campo. Me ha hablado de una evacuación inminente, por eso ha llegado al campo el comandante Hans Hüttig, un verdadero carnicero. Ha estado en Sachsenhausen y Flossenbürg. Lo denominan «el solucionador», porque es el que arregla problemas. Ahora, nosotros somos el problema.

—No lo entiendo.

—No se han enterado de la revuelta por lo del búnker.

La miré sorprendida.

—El comandante Grünewald metió a 74 mujeres en una pequeña celda, la 115 creo. Tras catorce horas, las sacaron, pero habían muerto diez de ellas y otras estaban en estado muy grave. Al parecer, alguien filtró la noticia y ya lo saben todos los Países Bajos; por eso lo destituyeron. No querían que Holanda entera se rebelara contra ellos.

Al día siguiente, acudimos al trabajo como un día normal. La gente parecía muy inquieta y el señor Moorman intentó calmar a todos.

«Lo que han estado escuchando no son bombas. Los alemanes están demoliendo algunos puentes para frenar el avance aliado; será mejor que regresen al trabajo. Los nazis siguen gobernando el campo y están muy alterados. No quiero que hagan algo de lo que luego tengamos que arrepentirnos todos».

Se escucharon explosiones de nuevo y la gente comenzó a gritar.

«¡Calma, no son bombas! Abran la boca para que no les afecte a los oídos. ¿Entendido?».

Lo cierto es que era una especie de padre para todos nosotros.

No hicimos nada aquel día. Cuando nos mandaron de vuelta a los barracones, muchas mujeres e hijas estuvieron despidiéndose de sus familias, como si presintieran que ya no las volverían a ver jamás.

Betsie me esperaba a la puerta, como siempre, pero se extrañó de que llegase tan pronto.

—¿Qué ha pasado?

—¿Han llegado las brigadas? ¿Nos van a liberar?

—No nos han dicho nada, pero algo malo va a suceder, tengo un mal presentimiento.

Betsie frunció el ceño; sabía que yo era la más negativa de toda la familia.

—Eso no puede ser, la guerra está a punto de terminar. Los aliados están liberando Bélgica y nuestro país.

Escuchamos por los altavoces cómo los nazis llamaban a los hombres para formar, y comenzaron a pasar lista. Cuando el recital de nombres paró, se hizo un largo silencio. Las mujeres con familiares en el otro campo comenzaron a lamentarse y, poco después, se escucharon las ráfagas de ametralladoras y fusiles. Los nazis no estaban dispuestos a dejarnos ir.

Las mujeres comenzaron a llorar desesperadas; otras gritaban o rezaban. Betsie y yo reunimos a las que solían juntarse con nosotros para que se tranquilizaran.

«Vamos a orar por los hombres —dijo Betsie—. Señor, protege del mal a los hombres, que los soldados paren, que no cumplan las órdenes».

A lo lejos, seguían escuchándose los fusilamientos, como una larga carencia, hasta que después de varias horas volvió el silencio.

Nos enviaron a los barracones para dormir, pero nadie tenía sueño.

«Han matado a más de seiscientos; he escuchado a las guardianas».

«Dios mío, ¿por qué nos hacen esto?», preguntó una mujer desesperada.

Intentamos descansar, pero el miedo podía palparse en el ambiente. Las mujeres se levantaban constantemente a orinar. El aire olía a pólvora y muerte.

A las seis de la mañana, nos despertaron a todas, nos hicieron formar y nos llevaron a otro campo. Allí, unos soldados, nos repartieron mantas nuevas. Después nos llevaron por otro campo, entre los barracones en silencio, por el pasillo de alambradas y por fin por el camino entre árboles, el mismo que nos había traído aquí unos meses antes.

«¿Dónde nos llevan ahora?», preguntó Betsie desesperada, ella que nunca se ponía nerviosa.

«No lo sé, pero al menos estamos vivas».

«Me cuesta respirar».

Mi hermana estaba cada vez peor de los pulmones. Temía que la marcha fuera muy larga, y no estaba segura de que fuera capaz de resistir. Las guardias empujaban a las que se rezagaban, golpeaban a las que se caían, y algunos soldados disparaban a las que no se levantaban.

Agarré con fuerza a mi hermana y la sostuve durante todo el camino. Tenía un fuerte dolor en el costado, pero no la iba a soltar por nada del mundo.

Llegamos a un tren de mercancías. Apenas se veía nada, todavía estaba oscuro, y el transporte era tan largo que no veíamos la locomotora.

«¿Nos van a meter aquí?».

Asentí con la cabeza y Betsie se dobló hacia delante para descansar un poco.

«Es peor que cuando vinimos… aquel tren era de pasajeros, aunque sin asientos».

«Todo es peor», le contesté. No quería ni imaginar adónde nos llevaban, pero intuía que era para Alemania, lo que habíamos temido durante todo aquel tiempo.

Los soldados pasaron abriendo puertas; adentro había una oscuridad total. Después, nos ordenaron que entrásemos. El olor era pestilente: una mezcla de orín, heces y sudor. Nos empujaron a todas para dentro. Tuve que ayudar a mi hermana a subir y después nos movimos en la oscuridad, palpando la madera húmeda y podrida, pisando el suelo pegajoso hasta unos montículos. Eran unas cajas con pan, lo que significaba que el viaje sería largo.

Los soldados siguieron empujando para que entrasen más mujeres; nos sentíamos oprimidas y sin aire. Las que se resistían eran vapuleadas por los nazis. Cuando ya no entraron más, cerraron las puertas, corrieron los cerrojos y la sensación de sentirnos atrapadas aumentó. Algunas se desmayaron; otras comenzaron a gritar.

—¡Dios mío, no puedo respirar! —exclamó Betsie.

—Vamos a orar —le dije, después de tomarle la mano—. Dios, guárdanos en este viaje, como has hecho siempre. Tú sabes adónde nos llevan. Protégenos de todo mal y a todas nuestra compañeras.

—Vamos a ponernos en el suelo —le dije—, como si fuéramos sardinas. Al final, logramos colocarnos todas y la gente comenzó a tranquilizarse.

—¿Sabes por qué estoy contenta? Estoy contenta de que Papá esté con el Señor. Habría llorado mucho al verte así.

Llevábamos varias horas paradas, y el calor comenzaba a ser asfixiante. Una de las mujeres tomó un clavo y abrió un agujero en la madera. Otras la imitaron y pudimos respirar un poco mejor.

Unas horas más tarde, el tren se puso en marcha muy despacio. Paraba constantemente, pero al menos parecía que podíamos resistir. Toqué la frente de Betsie y estaba muy caliente. Me asusté, pero intenté mantener la calma.

Nos habíamos dormido cuando escuchamos algo parecido al granizo. Pensamos que se trataba de una de las últimas tormentas del verano que iba a dejar paso a un otoño frío.

«¡Son balas!», exclamó una de las mujeres.

«¡Nos van a liberar!», gritó otra, pero el tren continuó su camino. Por la mañana, estábamos atravesando la frontera y entrando en Alemania.

El viaje duró tres largos días. A medida que la comida y el agua escaseaban, la situación comenzaba a ser aún más desesperante. El olor era nauseabundo, pero nos habíamos acostumbrado. Teníamos los labios secos y comenzábamos a hincharnos. En las paradas, por una rendija echaban cubos de agua, pero las mujeres se los quitaban unas a otras, y a las últimas no nos llegaba nada.

Al cuarto día, nos abrieron las puertas de aquel infierno. Enfrente había un idílico lago al borde de un pueblito alemán, con sus iglesias y pintorescas casas.

Dejaron que cogiéramos agua y bajáramos un poco. El tren era más corto; había ido dejando vagones en otras estaciones. Ahora solamente estábamos las mujeres. Debíamos continuar el resto del viaje a pie. Miré a Betsie, que parecía tan enferma, y me pregunté si sería capaz de caminar. Solo un milagro de Dios podía salvarnos de nuevo.

CAPÍTULO 26

La marcha al infierno

SIEMPRE HABÍA DISFRUTADO DE MIS largas caminatas con Papá. Lo echaba mucho de menos. Me gustaban su forma de hablar, sus consejos, sus viejas historias que tenían una moraleja y te enseñaban a vivir. A pesar de que en ocasiones podíamos caminar una hora o más, jamás me sentía fatigada. Papá tenía un dicho: que era más largo el camino de ida que el de vuelta, porque ya lo habías hecho. No sabíamos adónde nos dirigíamos, estábamos sucias, molidas después de tres días durmiendo en el frío y duro suelo de un vagón de tren. Apenas habíamos comido, nos dolían todos los músculos y la pobre Betsie apenas si se sostenía en pie. Nos alejamos del hermoso lago; el cielo se reflejaba en sus aguas cristalinas. Parecía que la guerra era algo lejano, casi etéreo, aunque los uniformes grises de los soldados nos lo recordaban a cada momento.

Durante más de un kilómetro, bordeamos el lago. No vimos a nadie; no sabíamos si nos rehuían o si el mundo se había vaciado con la guerra. El llano iba empinándose progresivamente y terminaba en una colina. Mi hermana caminaba titubeante y sin fuerzas, y temía que no lo consiguiera. Le di la mano para que se apoyara.

Al llegar a la cima, vimos unos carros con campesinos. Encima, llevaban a algunos niños que debían ayudar en las tareas del campo. Hacía mucho tiempo que no veía mejillas tan sonrosadas y ojos tan brillantes. Los pequeños no nos quitaban los ojos de encima, como si se preguntaran dónde iba esa legión de fantasmas; pero los adultos nos rehuían la mirada, avergonzados de lo que sus compatriotas les hacían a los extraños. Los campesinos sabían muy bien adónde nos llevaban aquellos hombre grises.

En la cima de la colina, vimos una ciudad de líneas definidas, las mismas que el campo de concentración en Holanda. Los barracones grises estaban custodiados por muros de hormigón, no las alambradas a las que estábamos acostumbradas. Imagino que con población civil tan próxima, los nazis querían ocultar en parte sus fechorías, aunque a aquellas alturas, todo el mundo sabía a lo que se dedicaban los cientos de campos diseminados por toda Europa.

Millones de personas habían desaparecido desde el principio de la guerra. Prácticamente todos los habitantes de Alemania y los países ocupados habían visto cómo desaparecían sus vecinos, el tendero de la esquina, un viejo amigo al que ya no se atrevían a saludar, el médico, el dentista o los niños que habían dejado sus taquillas con sus cosas en la escuela y los pupitres vacíos. Cualquiera se habría percatado de que las personas con los brazaletes azules o las estrellas amarillas en el pecho ya no caminaban por las calles, con la cabeza gacha y la mirada perdida, intentando convertirse en invisibles.

Algunas de las mujeres comenzaron a pronunciar un nombre, que en unas semanas sería tan fatídico y terrible para todas: «Ravensbrück».

El campo contenía edificios parejos, con las torres de vigía y, en el centro, en lugar de iglesias o ayuntamientos, unas chimeneas enormes que expulsaban un humo blanquecino. En cuanto nos acercamos un poco más, el olor a carne quemada fue insoportable.

Mientras bajábamos hacia aquel infierno dantesco creado por el hombre, sentía la Biblia colgada de la espalda. Ahora la íbamos a necesitar más que nunca, la esperanza contra esperanza que nos prometía y el deseo de que en medio de aquel horror pudiera nacer el reino de los cielos.

El muro que separaba la vida de la muerte estaba coronado por alambradas electrificadas; de vez en cuando un cráneo y las tibias cruzadas indicaban el peligro de acercarse. Nos paramos frente a la puerta de hierro y, con un sonido pesado, los goznes se movieron chirriando.

Entramos en la larga avenida de barracones color ceniza. Entonces, vimos unos grifos a un lado y todas corrimos a refrescarnos. Estábamos muertas de sed, con la cara chorreando de sudor, pero enseguida las guardias con sus uniformes azules comenzaron a pegarnos con sus fustas de cuero. Lograron meternos en vereda y caminamos entre los edificios que parecían observarnos, como si quisieran advertirnos de los horrores que habían dentro de sus paredes. El otro campo nos pareció el paraíso en comparación, como si hubiéramos pasado del purgatorio al mismo infierno.

Nos dejaron descansar bajo una inmensa carpa de tela que al menos nos protegía en parte del sol abrasador y, por primera vez desde que salimos de los trenes, pudimos hablar un poco.

«¿Por qué nos han traído aquí? ¿Qué sentido tiene? Saben que van a perder la guerra».

Me encogí de hombros.

«Creo que el odio es ciego. No les importa arrastrarnos a todos a la muerte. Su mundo se ha terminado, ya saben que no son dioses y empiezan a intuir que en el fondo lo único que han sido siempre es unos pobres diablos».

Enseguida nos dimos cuenta de que la paja en la que nos habíamos tumbado estaba llena de piojos. La gente comenzó a sacudirse, pero estábamos tan agotadas que pusimos las mantas y nos tumbamos sobre ellos, que no dejaban de caminar por debajo de la tela.

Las mujeres comenzaron a cortarse el pelo antes de que los piojos tomaran posesión de sus cabezas. Nos pasaron unas tijeras y, mientras cortaba el pelo de mi hermana, no pude dejar de llorar. Aquella era la última humillación, la última pérdida de nuestra lánguida humanidad. Ya no nos quedaba nada más; éramos los subhumanos con los que soñaba Hitler, la raza inferior tan cacareada en los manuales nazis, y podían hacer con nosotras lo que quisieran.

Las guardianas nos sacaron de la lona a palos, nos arrinconaron en una explanada de hormigón y, pasado un tiempo, nos sentamos en el suelo. Aquella noche íbamos a dormir al raso sobre aquel suelo frío y duro. En el horizonte ya no estaban los bosques de mi querida Holanda; todo era gris en Ravensbrück.

Entonces, mi hermana, que siempre era capaz de sorprenderme, a pesar de su extrema debilidad, comenzó a recitar una oración:

«Guíame, amable Luz, entre las tinieblas que me rodean,
¡guíame! La noche es oscura,
y estoy lejos de casa, ¡guíame!
Cuida mis pasos; no pido ver la escena distante;
un paso es suficiente para mí.
No fui siempre así, ni pedí que me guiaras;
amaba elegir y ver mi camino; pero ahora ¡guíame!
Amaba el día brillante, y, a pesar de los miedos,
el orgullo regía mi voluntad.
¡No recuerdes los años pasados!
Tu poder me bendijo tanto tiempo,
ciertamente seguirá guiándome.
Entre páramos y pantanos, entre precipicios
y correntadas, hasta que se vaya la noche,
y con el alba sonreirán los rostros de los ángeles,
los que yo amé hace mucho tiempo,
¡y perdí hace ya tanto!».[1]

Cuando estás a punto de perderlo todo, Dios es el único que puede guiar tus pasos.

Unas horas más tarde, cuando todas habíamos caído en un intranquilo sueño, comenzó a llover con fuerza. Enseguida, el suelo se encharcó y nos pusimos de pie. La lluvia negra nos empapó; las chimeneas cercanas lo tiznaban todo. Mientras intentábamos

---

1 Oración del pastor anglicano John Henry Newman.

secar las mantas, las guardias nos ordenaron que nos pusiéramos en filas. Era la hora del desayuno.

En la cocina, nos sirvieron en unas tazas metálicas algo negro que no se parecía en nada al café, y un pan negro. Tuvimos que pasar la mañana con ese frugal desayuno. Al mediodía, un potaje insípido de nabos; la que encontraba uno flotando en su plato era muy afortunada.

Durante dos días, estuvimos en aquella explanada, caladas hasta los huesos, Betsie tosiendo cada vez más y yo con un profundo dolor en todo el cuerpo. Parecíamos dos ancianitas. En ese largo año de 1944, habíamos envejecido más que en la última década. Intenté resguardarla con el jersey azul y la manta, darle algunas gotas de vitaminas, pero no mejoró; al revés, comenzó con una terrible diarrea. Tuve que rogar a la guardiana que la dejara defecar en una zanja cercana. Necesitó ir varias veces aquel día; cada vez tenía menos fuerza.

Se acercaba la tercera noche cuando nos pusieron en pie y nos llevaron en una marcha corta hasta el centro de ingresos, una inmensa nave.

Las mujeres que nos precedían en la cola fueron despojadas de las pocas pertenencias que tenían. Debían amontonarlas a un lado, y después otros soldados las obligaban a desnudarse por completo.

Betsie temblaba. Jamás se había desnudado ante ningún desconocido y en aquel lugar había miles de personas.

«No puedo hacerlo», me dijo al borde de la histeria.

«A Jesús le quitaron todas Sus ropas, Su manto, y lo repartieron entre los soldados. Si Él sufrió ese escarnio, nosotras también podemos».

Mis palabras parecieron convencerla. Se quitó la ropa, y su cuerpo delgado y blanco caminó delante de media docena de miembros de las SS.

No sabía dónde guardar la Biblia, las vitaminas y el suéter para que mi hermana estuviera un poco más abrigada. Si lo perdíamos todo, no duraríamos mucho en el campo. Sobre todo, sin Su Palabra.

Al final, me decidí por las vitaminas y las guardé en mi puño; pensé que tal vez nuestra Biblia consolaría a otras almas. Betsie se tambaleó y se me ocurrió una idea.

«¿Podemos ir a las letrinas?», le dije al guardia que parecía más amable. El hombre frunció el ceño y me indicó a un lado.

«Los pozos de drenaje».

Caminamos hasta ellos, vimos unos bancos mugrientos y llenos de cucarachas. Allí estaba apilada la ropa para vestirse después. Oculté nuestras cosas con la esperanza de volver a encontrarlas después. Unos minutos más tarde, logramos recoger todo. Habíamos podido guardar lo esencial para sobrevivir. Dios había sido fiel de nuevo.

Después de la ducha de agua fría y tras ponernos los uniformes, esperé que nadie viera lo que escondíamos debajo de la ropa. Sabía que nuestro Señor era el único capaz de impedir que nos descubrieran. Si nos atrapaban, imaginaba que el castigo sería terrible.

Entonces, vi que estaban cacheando a las presas. Pensé que estaba perdida, pero la guardia, al verme, me dijo que siguiera caminando. Suspiré aliviada.

Afuera había otro control, pero justo cuando me iban a cachear, un oficial alemán me empujó para que fuera más deprisa y me libré de nuevo.

Nos asignaron al barracón 8. En nuestra cama había ya tres mujeres. Nos pusimos a lo ancho, intentando acomodarnos como sardinas en lata, y nos cubrimos con las mantas. Betsie dejó de temblar gracias al calor humano, y yo me quedé un rato escuchando las voces de los guardias. Era la tercera noche en aquel infierno, pero al menos ahora teníamos un techo sobre nosotras y una cama. Dos razones más para dar gracias a Dios.

CAPÍTULO 27

Ravensbrück

A LAS CUATRO Y MEDIA de la mañana, sonó una sirena y nos llevaron a todas para formar en el patio. Hacía frío y apenas si habíamos descansado. Tras varias horas de pie, mientras nos numeraban, nos obligaban a regresar al barracón y, unos minutos más tarde, nos volvían a sacar. Parecía una especie de tortura, como si estuvieran intentando matarnos poco a poco. Al menos en el otro campo trabajábamos y éramos útiles. No entendía por qué nos habían llevado a Alemania, aunque estaba convencida de que las mismas guardias tampoco lo entendían.

El campo era solo para mujeres. Lo habían construido en 1939, justo antes de la guerra, como si ya previeran su macabra cosecha de muerte. Entre las reclusas, había mujeres de muchas naciones. Aunque abundaban las polacas, las rusas, las alemanas y las austríacas, las neerlandesas eran muy pocas. Casi todas éramos presas políticas y, aunque aquí había empresas para trabajar como Siemens, ahora el número de reclusas había crecido y no había trabajo para todas.

Me contaron que el comandante del campo era un tal Friz Suhren, un alemán sajón, que también había pasado por el campo de Sachsenhausen. Su lema era tratar a las prisioneras de la forma más dura posible, y de veras que lo conseguía. Lo que más miedo me daba era que usaban a algunas reclusas para experimentos.

Las guardianas eran mucho peores que las que habíamos tenido en el otro campo. Todas les temíamos y nos preguntábamos cómo podían ser tan despiadadas. Greta Bösel era una de las jefas; también Margot Dreschel o Irma Grese.

Algunas de las veteranas —no quedaban muchas—, me contaron que hasta 1940, las condiciones eran aceptables, los barracones estaban limpios y comían bien. Luego, las condiciones fueron empeorando, pero sobre 1943, apenas se podía sobrevivir.

El barracón 8 era el peor en el que habíamos estado, pero adentro, nos sentíamos seguras. Aunque cada día nos costaba más seguir adelante, en medio de tanta oscuridad era muy difícil llevar algo de luz, aunque fuera una pequeña centella. Mi oración cada día era que Jesús pudiera llevarse todas nuestras cargas; nosotras ya no podíamos soportar más.

En medio de aquella oscuridad, al menos teníamos claro por qué Dios nos había llevado a ese lugar. Si había un sitio en el mundo en el cual se necesitaba algo de luz, era aquí. Nosotras arrastrábamos un gran sufrimiento, pero la fe nos llenaba de consuelo y esperanza; todas estas pobres mujeres se sentían solas y sin esperanza. A todas horas, éramos capaces de utilizar nuestra Biblia como una fuente de consuelo inagotable. Casi todo el mundo quería escuchar la Palabra, orar con nosotras o simplemente escucharnos. Jamás he tenido un público tan atento y necesitado. ¡Qué cierto es que, cuando sobreabundó el pecado, sobreabundó la gracia! Mientras el mundo que nos rodeaba iba poco a poco sumergiéndose en la más profunda oscuridad y las guardianas eran más terribles, más poderosa se volvía la Palabra de Dios.

«¿Quién nos separará del amor de Cristo? —leyó Betsie—. ¿Tribulación, o angustia, o persecución, o hambre, o desnudez, o peligro, o espada? Antes, en todas estas cosas somos más que vencedores por medio de aquel que nos amó».

Mientras mi hermana leía, el rostro de todas aquellas mujeres brillaba. Eran las más desposeídas y castigadas del mundo, la mayoría sin haber hecho nada malo. Tratadas de la peor manera posible, humilladas como nunca antes había sido humillado un ser humano, pero la poderosa Palabra de Dios estaba cambiando sus vidas para siempre.

Por un lado, estaba el terrible campo, con sus monótonas torturas diarias, el horror que nos acechaba a cada esquina, y por otro, el mundo espiritual en el que nos sumergíamos a cada momento, como en una corriente de agua viva. Sentíamos a Dios tan presente, tan cercano, tan vivo y real, que casi podíamos tocarlo.

Nunca había entendido así la Palabra de Dios. Aunque siempre había regido mi vida y era el centro de mi existencia, ahora era una fuente inagotable de vida, de esperanza y de amor. Ya no eran letras muertas; se habían encarnado en nosotras desatando todas las fuerzas del cielo en medio del mismo infierno. Había leído muchas veces pasajes enteros. Desde la crueldad con el pobre José o Daniel y sus amigos, la cruz de Cristo, las miserias de Pablo, pero ya no eran historias; ahora, eran la mía. Veía a mi alrededor el sufrimiento de Cristo, los golpes de los soldados, la muerte y la esperanza en la vida eterna.

Los viernes teníamos que pasar nuestro viacrucis: sufrir la humillación de las revisiones médicas, desnudas, expuestas, temblando de frío delante de miradas heladas y burlonas, que disfrutaban humillándonos. Mientras esperaba, como poco más que carne humana, me imaginé a Jesús en la cruz, medio desnudo mientras todos se reían de Él.

«Él también sufrió», le dije a Betsie, y esta me miró con los ojos alegres.

«Nunca le di las gracias por todo Su amor».

El frío aumentaba a medida que se acercaba el invierno, y mi hermana parecía empeorar con su tos. No sabía si podíamos pedir ayuda a alguna enfermera; en aquel campo, todo parecía creado para hacernos sufrir. No pensaba que a nadie le preocupase nuestra vida o bienestar. Intentaba alargar las pocas vitaminas que nos quedaban, que parecían multiplicarse de día en día, como el aceite y la harina de la viuda que acogió al profeta Elías. Cada día era un verdadero milagro.

En el mes de octubre, nos llevaron a nuestros barracones permanentes. La guardiana iba leyendo nuestros números y enviándonos a los nuevos edificios. En aquella ocasión, nos tocó en el barracón 28. El edificio estaba aún peor que el anterior, los cristales rotos tapados con trapos, 200 mujeres acinadas que se dedicaban todo el día a tejer calcetines para el ejército.

Las habitaciones eran muy grandes y frías, el olor era pestilente, a alcantarilla; las mantas sucias y llenas de piojos. No había camas, sino una especie de estanterías corridas donde dormían apiñadas decenas de mujeres. Aquella colmena humana era terrible; tuvimos que arrastrarnos por debajo hasta alcanzar las que nos correspondían. El sitio era claustrofóbico; las cochineras eran más humanas que aquellas cuadras infectas.

Las pulgas enseguida nos subieron por las piernas. Aquel era el peor sitio del mundo.

—¿Cómo vamos a vivir aquí? —le pregunté desesperada a mi hermana.

—Dios nos lo dijo esta mañana en Su Palabra. ¿No lo recuerdas?

Sacó la Biblia y comenzó a leer la Primera Carta a los Tesalonicenses:

> *También os rogamos, hermanos, que amonestéis a los ociosos, que alentéis a los de poco ánimo, que sostengáis a los débiles, que seáis pacientes para con todos. Mirad que ninguno pague a otro mal por mal; antes seguid siempre lo bueno unos para con otros, y para con todos. Estad siempre gozosos. Orad sin cesar. Dad gracias en todo, porque esta es la voluntad de Dios para con vosotros en Cristo Jesús. No apaguéis al Espíritu. No menospreciéis las profecías. Examinadlo todo; retened lo bueno. Absteneos de toda especie de mal.*
>
> *Y el mismo Dios de paz os santifique por completo; y todo vuestro ser, espíritu, alma y cuerpo, sea guardado irreprensible para la venida de nuestro Señor Jesucristo. Fiel es el que os llama, el cual también lo hará.*[1]

—Tenemos que dar las gracias en todas las circunstancias. Ese es el secreto, esa es la lección a aprender.

—¿Dar las gracias por qué? —le pregunté sin mucho convencimiento.

---

1 1 Tesalonicenses 5:14-24.

—Por estar juntas, por tener una Biblia. Debemos darle gracias porque aquí hay más mujeres que podrán escuchar, y por las pulgas.

—No puedo dar gracias por las pulgas.

—«Dad gracias en todo…».

—Bueno, si tú lo dices.

No podía dar las gracias por una cosa así, pero mi hermana siempre tenía razón.

La soledad del barracón se rompió cuando comenzaron a llegar las compañeras. Éramos nuevas y teníamos que enfrentarnos una vez más a un montón de desconocidas que estaban como nosotras, atrapadas en aquel infierno. Después de una larga jornada de trabajo, las mujeres parecían agotadas. Sus ropas sucias y sus pieles ennegrecidas apenas brillaban bajo la luz de las bombillas. El hacinamiento era tremendo, ya que el número de prisioneras triplicaba la capacidad del lugar. En aquel babel de lenguas y costumbres, todas estábamos igualadas por el horroroso uniforme y las cabezas rapadas, algunas cubiertas por pañuelos. Lo único que nos personalizaba un poco eran los ojos; decenas de variedades de tamaños, formas y colores. La mirada era una especie de balcón del alma, que todo lo expresaba y hablaba sin decir nada. Algunas nos contemplaban con curiosidad, otras con desprecio, aunque la mayoría simplemente lo hacía con una total indiferencia. Los nazis intentaban que nos sintiéramos como extrañas y que cada una se ocupara de sus asuntos, aunque eso era lo peor que podíamos hacer.

Nuestras siete compañeras de cama fueron las primeras con las que intimamos un poco. Las literas estaban unas sobre otras. Si la persona de arriba se movía demasiado, te caía un polvillo asqueroso y algunas pulgas. En ocasiones, se vencían por el peso y aplastaban a las mujeres que estaban abajo. Para ir al baño, había que pasar por encima de varias compañeras y las letrinas, apenas ocho aseos, eran para unas 1400 presas.

La primera noche se me hizo eterna. Se escuchaban quejidos, maldiciones, golpes y llantos en una docena de idiomas, pero todavía no habíamos conocido a nadie que hablase nuestro idioma. Afortunadamente, entendíamos el alemán y hablábamos francés.

El bullicio era insoportable. La gente incómoda, inquieta y frustrada se removía con rabia en la camas. Unas exigían que se cerraran las ventanas, y otras que las abrieran. Al final, Betsie oró en voz alta para que una fuerza sobrenatural apaciguara aquella frenética tormenta.

«Por favor, Señor Jesús, te pido que llenes de paz este lugar. No sé si muchas mujeres han orado en este lugar, pero donde tú estás no puede existir un espíritu de disensión».

Poco a poco, se fue calmando la inmensa y atestada habitación, como si el Espíritu Santo estuviera obrando en cada corazón.

La sirena sonaba muy temprano, a las cuatro de la mañana, y nos arrancaba del sueño, que era el único momento del día en el que escapábamos del horror. Yo soñaba mucho con mi casa, mi familia, la infancia y mi amor de juventud. A pesar de la triste realidad en la que vivíamos, casi nunca tenía pesadillas, como si Dios guardase mis sueños. Despertar y descubrir que seguíamos encerradas en aquel lugar terrible me decepcionaba cada mañana, pero la fuerza de Betsie me ayudaba a seguir adelante.

En veinte minutos teníamos que estar preparadas y en formación. La multitud era ingente, más de 35 000 almas descarnadas en la avenida central. Después se iban nombrando los equipos de trabajo. El recuento era lento y tedioso, una especie de tortura en sí mismo. Sin saberlo, pisábamos sobre las cenizas de los miles de muertos que los grandes hornos quemaban de día y de noche.

Nos asignaron a la Brigada Siemens. Teníamos que salir del campo y atravesar los bosques y prados cercanos; aquel era el mejor momento del día. Si nos cruzábamos con algunos lugareños, estos agachaban la cabeza, para que nuestra espantosa imagen no se quedara grabada en su retina azul. Siempre veíamos salir el sol cerca del hermoso lago, pero al introducirnos en la fábrica, el infierno volvía a extenderse delante de nuestros ojos.

A Betsie y a mí nos habían asignado el duro trabajo de empujar una vagoneta cargada de piezas muy pesadas. Apenas podíamos moverla al principio, pero en cuanto arrancaba, la inercia nos ayudaba un poco. Después de once horas trabajando sin parar, la mente, el cuerpo y hasta el alma habían perdido toda vitalidad. La patata cocida que nos daban a media jornada nos dejaba con hambre, pero era suficiente para que nos pudiéramos levantar al día siguiente, aunque algo más débiles y desmadejadas.

El regreso era insoportable. Arrastrábamos los pies agotadas, levantando una nube de polvo que nos asfixiaba. Podía saborear la tierra en mis labios, mientras los soldados nos maldecían por aquel paso lento y torpe.

La cena era una sopa de nabos insípida. Solíamos tomarla de las largas filas y nos íbamos al fondo de la habitación para orar y leer la Biblia un rato. No tardaron en unirse a nosotras muchas mujeres. Las guardias no entraban nunca en las habitaciones y podíamos hacer las reuniones libremente. Las pulgas en el fondo eran una bendición que mantenían a las alemanas fuera de la sala.

Cada vez nos sentíamos más débiles. Nuestras gotas de vitaminas estaban casi agotadas y era tan pequeña la cantidad que tomábamos que dudaba de si en el fondo podía hacernos algo. Un día, Mien, una amiga del otro campo que trabajaba en la farmacia, nos trajo más vitaminas. Gracias a ellas, nuestras fuerzas aumentaron un poco.

El otoño ya había llegado al campo, el frío aumentaba a medida que los días se hacían más cortos y nuestro pijama era muy ligero. Nos trajeron algunos abrigos que parecían reciclados del ejército ruso.

Cuando no trabajábamos en la fábrica, nos enviaban al lado del muro para allanar el terreno. Era un trabajo duro al que no estábamos acostumbradas, y las fuerzas de Betsie estaban casi al borde del agotamiento.

Las guardianas se cebaban con todas las personas que consideraban débiles, como si estuvieran esperando un descuido o una simple caída para desatar toda su ira, una ira que iba en aumento.

Las noticias que nos llegaban eran muy pocas. Aun así, sabíamos que los norteamericanos habían llegado a suelo alemán. Los bombardeos eran constantes; veíamos pasar a los aviones de largo, con sus barrigas brillantes llenas de su mortal carga. Ahora eran los alemanes los que sufrían las consecuencias de la guerra que ellos mismos habían provocado. Los nazis se estaban retirando de Finlandia e Italia, perdían en todos los frentes y estaban organizando su resistencia dentro del país. En semanas —como mucho, meses—, la guerra estaba destinada a terminar.

Una de las guardias, que al ser contemplada por uno de los guardias varones solía ponerse más ufana, comenzó a burlarse de Betsie. Le quitó la pala y comenzó a gritarle.

«¿Eso es todo lo que la baronesa puede levantar con una pala?», le preguntó mientras se la enseñaba a su camarada. Sus mejillas sonrosadas contrastaban con el pálido semblante de mi hermana, que la observaba tranquila. La guardiana comenzó a imitar el caminar cansino de Betsie.

Tuve la tentación de lanzarme contra aquel monstruo, pero cuando miré a mi hermana, vi que esta también sonreía.

«Es cierto, señora, pero si no me deja la pala, me temo que no podré levantarla de nuevo».

La mujer, al ver que no era capaz de ofender a Betsie, levantó la fusta y comenzó a golpearla.

«¡Yo te diré cuándo parar!».

Mi reacción fue inmediata. Me abalancé hacia ella con la pala en la mano, pero mi hermana me paró en el camino. Me quitó la pala de las manos y me dijo con todo el amor del que era capaz: «Por favor, sigue cavando».

La guardia tiró la pala al suelo y la recogí. Entonces, vi que algo rojo brillaba en el pecho de Betsie. Era su preciosa sangre que comenzaba a brotar.

«Mira a Jesús», me dijo para que no atacara a la guardia.

Aquel día, estuve muy cerca de hacer una locura. Estaba llegando al límite de mis fuerzas. Nos mantenían activas a pesar de saber que todo había acabado. ¿Cuánto tiempo más podía durar aquella pesadilla?

Las lluvias continuas terminaron por anegar todo el campo. La humedad lamía las paredes de los barracones y nos entumecía los huesos. El frío comenzaba a ser insoportable y aún quedaba casi un mes para la llegada del invierno. Había barro por todos lados y, como era de suponer, la salud de Betsie empeoró. Cada vez que tosía, expulsaba sangre; no iba a aguantar un invierno más así. Por eso, mi oración era que la guerra terminara cuanto antes, pero los designios de Dios no atienden a aspiraciones personales; Su gran plan está por encima de lo que podemos entender.

Betsie comenzó con fiebre y sabía que aquello era el principio del fin si no conseguíamos algunas medicinas. Intenté usar todos los contactos que teníamos para que la ingresaran, pero los nazis consideraban que hasta que un enfermo no llegaba a los 40° de fiebre, no era necesario internarlo, prácticamente cuando ya estaba muerto.

A pesar de su debilidad, mi hermana no dejaba de hablar de Dios en todas partes. Era algo que no podía entender; la movía una energía invisible, una fuerza sobrenatural capaz de cambiar muerte en vida, odio en amor y debilidad en una potencia sobrehumana. Por lo único que Betsie quería ir a la enfermería era por estar más cerca de los que estaban a punto de cruzar el umbral de la muerte, para ayudarlos a cruzar al otro lado.

Al día siguiente, aumentó la fiebre y se la llevaron con otras compañeras al hospital. La acompañé hasta la puerta; no quería soltarle la mano. Durante mucho tiempo, había pensado que era yo la que sostenía su cuerpo frágil y la protegía, pero era al revés; ella lo hacía con su fe, su tesón y su eterna sonrisa.

Al regresar sola, me sentí hundida, y me uní en el fondo de la sala a las mujeres que estaban orando. Las dirigía Wielmarker, una mujer católica que nos ayudaba a consolar a todas aquellas mujeres desesperadas. Gracias a su capacidad lingüística, podía traducir la Biblia a varios idiomas y así podíamos alcanzar a más gente.

«¿Cómo está Betsie? ¿Ha dicho algo el médico?», me preguntaron las mujeres. Otras me abrazaron. Yo aguanté las lágrimas, pero no supe qué decir. Ellas oraron por mí y el consuelo de Jesús calmó un poco mi espíritu. Mientras subía a mi cama, me di cuenta de que aquel lugar no era el mismo. Las compañeras se trataban con amor y respeto; Betsie había llevado algo de esperanza a todas ellas. Me eché a llorar en soledad. Sentía que por primera vez en mi vida estaba sola por completo. Había pertenecido siempre a una gran familia, siempre había estado protegida y cuidada. Hasta en el infierno del campo, Betsie había sido mi refugio. Ahora, tenía que sostenerme solo en Jesús.

La noche se hizo eterna. Al día siguiente, tuve que levantarme sola. Después nos mandaron a hacer los absurdos trabajos en el campo para tenernos entretenidas. Veíamos cómo el sistema se derrumbaba delante de nuestros ojos, pero tenía la sensación de que las guardias y los soldados querían llevarnos con ellos al infierno al cual los había condenado su Führer. El Tercer Reich que iba a durar mil años apenas había superado una década, pero en tan poco tiempo casi había destruido el mundo.

CAPÍTULO 28

El beso de la muerte

SABÍA QUE LOS ALIADOS HABÍAN liberado parte de Holanda, en especial, el puerto de Amberes; pero de alguna manera, de una forma inexplicable, los alemanes habían logrado frenarlos. En aquel momento, no me importaba demasiado la guerra. Nosotras estábamos librando la peor batalla de nuestras vidas, Betsie en la enfermería y yo en la explanada del campo. Aquellos días de niebla y lluvia parecían envolvernos y restarnos las pocas fuerzas que aún teníamos. Todos los días crecía el número de muertos; algunas compañeras se acostaban para no levantarse más. En cierta manera, les tenía envidia… por fin habían descansado del horror que era levantarse cada mañana en el campo.

Por las mañanas, trabajando a la intemperie, el trabajo al menos nos calentaba un poco, lo que nuestras ligeras ropas no podían hacer. Al principio, me costaba más, pero cuando calentaba los músculos, podía trabajar con más ahínco. Las guardias intentaban protegerse del frío y nos dejaban más a nuestro aire.

La nieve no tardó en llegar y cubrirlo todo de un blanco intenso que te dañaba los ojos. Al menos, se tapaba en parte la fealdad de aquel lugar de muerte.

Por las tardes, intentaba ir a ver a mi hermana. Entraba por la puerta trasera que me había enseñado mi amiga Mien, ya que las guardias de la entrada no nos dejaban estar con los enfermos. Abría la gran ventana trasera de las letrinas y me metía en el edificio que estaba casi tan frío como el exterior. Al menos la niebla me protegía cuando realizaba aquella peligrosa operación. Si las guardias me descubrían, acabaría en una de sus celdas de castigo, de las cuales nadie salía con vida.

Pasé ante varios cuerpos tumbados en una habitación. Estaban tan delgados que sus ojos se salían de sus cuencas. Sus rostros no reflejaban paz ni descanso; hasta su último aliento, no habían dejado de sufrir.

Logré guiarme por los pasillos laberínticos. Tenía el miedo en el cuerpo y ganas de vomitar después de lo que había visto. Me crucé con unos camilleros, pero no me prestaron la menor atención. Intenté orientarme, pero nunca antes había estado dentro del edificio y temía no llegar a tiempo al recuento. Al final, di con el sitio milagrosamente. Estaba sola, no había guardianas, y me acerqué hasta la cama de Betsie.

—¡Corrie! —exclamó al verme. La tomé de la mano. Estaba fría y tan delgada que parecía la de una niña pequeña.

Estaba sentada enfrente de la ventana. Parecía encontrarse mejor, sus ojos habían recuperado la fuerza y el semblante estaba cambiado. El descanso le había sentado bien.

—¿Qué te han dicho los médicos?

—Nadie me ha atendido todavía.

Aquello me enfureció pero intenté disimular.

—Al menos has descansado un poco.

Ella me sonrió, nos abrazamos y después me marché algo más tranquila.

Betsie regresó al barracón tres días más tarde. Nadie la había visto, a excepción del médico que le había dado el alta al bajar un poco la fiebre. No le habían administrado ni una triste aspirina, pero al menos estábamos juntas de nuevo. Una guardia tuvo la amabilidad de destinarla al grupo de las tejedoras, que no tenía que enfrentarse al frío de la calle ni al peso de una pala.

Al estar dentro del pabellón, se pasaba casi todo el tiempo hablando a las mujeres de Dios, orando por ellas o leyendo la Biblia. Se le daba muy bien tejer; siempre había tenido mucha habilidad y terminaba primera, para poder dedicar el resto de la jornada a ayudar a las demás.

Mi trabajo seguía siendo duro, pero lo soportaba mejor desde que ella había regresado. Daba gracias a Dios por ella cada día. Era un milagro que se hubiera recuperado un poco; cada día que aguantaba estábamos un poco más cerca del final de aquella guerra interminable.

Una noche, regresé muy tarde, pero ella me recibió con una sonrisa de oreja a oreja.

—¿Estás bien?

—Sí, querida.

—¿Ha pasado algo? —le pregunté intrigada. Su rostro parecía especialmente iluminado.

—He podido hablar todo el día de Dios sin interrupciones. ¿Puedes pensar en algo más grande que eso?

Sonreí y le di un abrazo.

Me acordaba mucho de la familia, oraba por ellos cada día. No teníamos noticias de ellos desde hacía meses y dudaba mucho de que supieran dónde estábamos.

Por las mañanas, Betsie tenía que estar varias horas de pie mientras pasaban lista. Temía que empeorara y me quedara sola para siempre. Todos los días había incidentes, personas que eran golpeadas y humilladas por las guardianas, a las que se las veía cada vez más tensas. Temían a los rusos más que a los ingleses, pero de una forma u otra comenzaban a sospechar que sus crímenes no iban a quedar impunes. La mayoría eran mujeres sin formación, toscas y crueles. Una de las peores era Dorothea Binz. Una vez, golpeó a una presa casi hasta la muerte por haberse hecho encima sus necesidades.

—¿Por qué tanto odio? —me preguntó mi hermana aquel día mientras mirábamos horrorizadas lo que hacían las guardias.

—No lo entiendo.

—¿Crees que después de la guerra podremos enseñar a amar a gente como esta?

Su pregunta me dejó sin palabras. No se me había pasado por la mente ayudar a personas tan crueles. Pensaba que lo que se merecían era ir a la cárcel y pudrirse allí.

—Deberíamos darles cariño; sus espíritus deben estar muy atormentados.

Al final, el corazón amoroso de mi hermana logró tocar el mío, que a veces podía ser más frío.

—Una casa para que sanen su alma —le contesté.

Ella me sonrió.

—¡Les mostraremos que el amor es aún más grande!

En una de las revisiones de los viernes, mientras caminaba desnuda hacia el médico, vi que se esmeraba más de lo normal.

—¿Por qué está tan atento el médico hoy? —pregunté a una de las compañeras.

—Quieren llevar a algunas reclusas a la fábrica de munición. Se deben estar quedando sin balas.

Cuando llegué al médico, este me hizo leer unas letras.

—No las veo bien —le dije.

El hombre frunció el ceño. Todo el mundo prefería ir a la fábrica de balas y escapar del campo; cualquier sitio era mejor que Ravensbrück.

Lo cierto era que no veía bien sin gafas.

—¿Por qué quiere quedarse? —me preguntó la doctora que estaba al lado del médico nazi.

—No puedo dejar a mi hermana.

La mujer me miró comprensiva y después me entregó un papel.

—Venga mañana a buscar unas gafas.

Lo que no sabía era que el otro médico me había incluido en el transporte del día siguiente. Por la mañana, acudí a la cita para que me dieran las gafas. La mujer encargada de la sección me hizo probarme varias pero no logré encontrar ninguna que me quedara bien; eran pequeñas para mí.

Cuando salí, ya se habían marchado los camiones con las mujeres que iban a la industria de municiones. Regresé al pabellón y la supervisora me dio lana.

«Será mejor que hagas algo útil», me dijo.

Me senté a tejer y, de una manera milagrosa, pude permanecer al lado de mi hermana. Ya no tendría que soportar el frío del invierno, que comenzaba a minar también mi salud.

Desde mi llegada al grupo, no hacíamos otra cosa que orar por el campo, como si Dios hubiera reunido aquel pequeño grupo de mujeres para interceder en medio del horror del lugar. Era como una especie de gota de amor en un océano de dolor, pero el reino de Dios era como una semilla de mostaza, que aunque parece insignificante, es capaz de convertirse en un gran árbol.

Mientras nuestras oraciones intentaban paliar todo ese dolor, Dios comenzó a hablarnos de lo que haríamos después de la guerra. Aquello nos llenó de esperanza. Nuestra vida no iba a terminar en aquel lugar de oscuridad y dolor.

De muchas maneras, nos dijo que tendríamos una casa para ayudar a la gente, pero no sería como la de la Beje; sería enorme. Yo me preguntaba cómo podríamos conseguir algo así. Estábamos arruinadas, pero quería creer en que Él podría hacerlo.

Betsie visualizaba la casa todos los días.

«Será un sitio maravilloso, amplio, limpio, de grandes suelos de madera. Tendrá estatuas en las paredes, una escalera de caracol como las de las mansiones. Afuera, tendremos amplios jardines para que la gente sane sus almas al contemplar las flores. ¡Las echo tanto de menos!».

«Yo también, Betsie».

A veces, tenía ganas de llorar. Era una mezcla de felicidad, esperanza y desesperación a la vez.

«¡Las flores pueden ayudar a sanar sus almas heridas!».

¡Tanto amor, Dios mío! ¿Cómo era posible? No lograba comprenderlo, pero luego caía en la cuenta de que nuestro Señor es puro amor. Siempre lo ha puesto en todo lo que ha creado. ¿Hay algo más hermoso que un recién nacido? Dios cada día dibuja un atardecer y un amanecer distinto y jamás hay dos iguales.

Mientras mi hermana me contaba todas aquellas cosas, hacía que el horror que nos rodeaba se borrase de repente. El campo se convertía en algo irreal, mientras sus palabras se convertían en pura vida.

Se acercaba la Navidad. Llevábamos casi un año fuera de casa, pero nos había parecido una eternidad. Nuestra vida había parecido un lento descenso a los infiernos, pero habíamos sentido la mano de Dios apoyándonos en todo momento. Nuestra vida había adquirido un propósito tan real, tan sobrenatural, que habíamos aprendido a ser agradecidas en todo. Ya no nos quejábamos, nada nos molestaba, sentíamos que estábamos donde Dios quería. Betsie lo había entendido antes que yo, pero al final, cuando parecía que las cosas iban a terminar bien, una nueva desgracia se unió a todas las que habíamos vivido aquellos meses.

Unas compañeras se retrasaron en su salida al trabajo. El frío afuera era terrible, y por ellas nos castigaron a todo el barracón a estar una hora más formadas a la intemperie. La salud de Betsie empeoró de nuevo; temía que la llevaran a la enfermería. Unos días antes, habíamos tenido que contemplar cómo se llevaban a todos los enfermos en camiones a las cámaras de gas. Nunca hablábamos de ellas, pero las chimeneas no paraban de expulsar cada día aquel humo blanco y de emborronar la nieve por la ceniza. Nos habíamos acostumbrado al olor a carne quemada, igual que a otros muchos que marcaban cada día. El hedor de las letrinas, la pestilencia del lodo, el perfume a muerte que cada mañana impregnaba el barracón hasta que se llevaban a los muertos que la noche había dejado para que durmieran en paz para siempre.

El frío comenzó a ser insoportable. Mientras esperábamos en formación, se nos congelaban los miembros. Hasta que, un día, un pelotón comenzó a golpear con sus botas el duro pavimiento. Más que un acto de rebeldía, fue una forma de supervivencia. El sonido se extendió por todo el campo y las guardias no se atrevieron a impedirlo. Habíamos ganado una pequeña batalla a aquellos demonios que parecía que vivían para torturarnos.

El invierno trajo de nuevo el individualismo, el instinto de supervivencia y la picaresca. Intentaba cada mañana que no nos tocase en los extremos del grupo. Al menos en el interior, el aire cortante no nos dejaba sin aliento. Yo solía excusarme en la salud de mi hermana; tenía que protegerla para que cumpliera el plan de Dios, pero en el fondo, lo único que quería era sobrevivir a toda costa y cualquier precio. En el fondo de mi corazón, sabía que Dios no lo veía bien, pero me engañaba a mí misma.

Nos entregaron algunas mantas de refuerzo, pero unos días más tarde, llegaron prisioneras de otros campos, sobre todo de Checoslovaquia. Los rusos avanzaban y, por alguna razón que no me entraba en la cabeza, los alemanes arrastraban a sus esclavos para seguir destruyéndolos física y moralmente.

«Corrie, creo que deberíamos dar algunas de nuestras mantas a las nuevas. Ellas no tienen», me dijo Betsie.

La miré algo ingenua, como si no me hubiera dado cuenta.

«Hace mucho frío y son muy finas. No sobreviviremos si se las damos».

Ella me miró con esos ojos que nunca reprochaban.

Aquella noche no pude dormir. Cada vez me sentía más triste, más desanimada. No entendía las sutilezas del pecado, aquel deslizamiento suave hacia el mal, pero que me convertía en alguien egoísta e insensible. El pecado no es una mera desobediencia; es sobre todo una falta de confianza en Dios y una esperanza excesiva en nuestros propios recursos.

Intenté quitarme la idea de la cabeza, justificarme ante Dios, pero cada vez me sentía peor. «No puedo, Señor». Era una gran mentira, sabía que en el fondo no quería.

Una noche, escuché una voz que hablaba a mi débil conciencia: «Mi poder se perfecciona en tu debilidad». Aquellas eran las mismas palabras que Dios había dicho al apóstol Pablo. Sabía que, cuando éramos débiles, entonces comenzábamos a ser fuertes de veras.

Una mañana, me levanté turbada, ya no podía luchar más. Si estábamos vivas era porque Jesús nos había protegido. Por eso, aquel día, cerré la Biblia y dije a nuestro grupo: «Siento tanto haberles fallado. Me creía una buena cristiana, pero soy tan egoísta como cualquiera. Dios es el que realmente hace las cosas; yo no tengo mérito alguno. Hablo de amor, pero no puedo dar una manta a la que más lo necesita. Jesús nos enseñó a dar al prójimo lo que necesitaba, incluso si eso nos hacía quedar desnudos».

Les di una de mis mantas a las nuevas y, desde aquel momento, me sentí liberada.

La salud de Betsie empeoró rápidamente. Las largas esperas a la intemperie de cada mañana lograron minar sus fuerzas. Ya no podía sacudir las piernas para entrar en calor y comenzaron a ennegrecerse. El frío no hacía más que crecer de día en día.

Una semana antes de Navidad, el cuerpo de Betsie ya no resistió más; no podía levantarse de la cama. Supliqué que la llevasen al hospital, aunque no me diera mucha confianza. Aquel día, corrí para pedir a nuestra guardiana que enviara a alguien para buscar a mi hermana.

—Señora, Betsie no puede levantarse, tiene que ir al hospital. Por favor, mándela al hospital.

La mujer me miró de arriba abajo sin pestañear.

—¿Cuál es tu número, presa?

—Es el 66 730. Mi hermana está muy mal. ¡Por favor! —le supliqué.

—Llévala tú misma.

Regresé al barracón y pedí ayuda a Maryke de Graaf, una compañera holandesa. Entre las dos, logramos llevarla al hospital, pero cuando llegamos allí, la fila daba la vuelta a todo el edificio; algunos de los enfermos estaban muertos en la nieve. Las dos nos miramos y, sin pensarlo, fuimos a la parte posterior, pero era imposible por allí también. Regresamos al barracón y la acosté en la cama.

—Corrie, Dios me ha dicho que también vamos a tener un campo en Alemania para ayudar a la gente —susurró Betsie.

Nunca había dicho nada así.

—¿Un campo?

—Sí, la casa primero y después el campo. Allí habrá huertos y Dios ayudará a toda esta gente a perdonarse a sí misma. Su misericordia no tiene límites. Veo el sol entrando por las ventanas de ese hermoso lugar. ¿No lo ves?

Yo solo veía su rostro pálido que parecía apagarse por completo, pero le pedí a Dios que abriera mis ojos espirituales.

—Los barracones del campo son grises como estos, pero los pintaremos de verde, el color de la vida y de la primavera.

Los ojos se me empañaron por las lágrimas.

—Pero, ¿vamos a hacer eso juntas?

Mi fe no me alcanzaba.

—Siempre juntas, hermana.

A la mañana siguiente, desperté a Betsie y, entre Maryke y yo, la sacamos hasta la puerta. La guardiana nos miró y nos dijo en su tono brusco:

«¡Llévenla a las literas!».

«Pero…».

La mirada de aquella mujer se me quedó grabada en la mente; pude vislumbrar algo de compasión. Dios había tocado aquel corazón duro y ennegrecido. Aquel era el primer fruto de la visión de Betsie.

La guardia llegó con una camilla y me dijo: «La paciente está preparada para el traslado».

La tomaron de la litera y se la llevaron. Yo las seguí, pero la guardia no me lo impidió. Al salir, la gente de nuestro grupo comenzó a orar.

La guardiana pasó la larga fila de enfermos, entramos al edificio y dejaron a Betsie en una sala amplia. Ella me pidió que me inclinase y me dijo casi en un susurro: «Tenemos que contar a todo el mundo lo que nos ha enseñado este lugar. No hay pozo tan profundo del que Dios no nos pueda sacar. Ellos nos escucharán; por eso Dios nos trajo aquí».

No podía dejar de llorar.

«Muy pronto estaremos fuera. Pasaremos los primeros días del año fuera de estos muros».

Una enfermera se llevó a Betsie, y la vi alejarse con una sonrisa. Yo salí del edifico llorando, pero con una extraña paz, como si Dios mismo me hubiera hablado a través de los labios de Betsie, azules por el frío.

CAPÍTULO 29

Promesas

MI CABEZA SEGUÍA EN LA habitación del hospital. No veía bien a Betsie y, aunque me aferraba a las promesas de que saldríamos juntas de esta, mi corazón estaba inquieto. Me acerqué a la guadiana y le pedí que me dejase ir a verla.

—Pido permiso para ir a visitar a mi hermana al hospital.

La mujer me dio un pase y salí al gélido exterior. Caminé a toda prisa para no morir congelada. Entré en el edificio, esperé a que la enfermera saliera de la habitación y entré.

—¿Cómo te encuentras?

—Bien —me dijo Betsie, casi sin fuerzas.

—¿Seguro?

Ella asintió, como si no le salieran las palabras.

—Tienes que recuperarte. Aquí podrás descansar un poco y no pasarás tanto frío.

Quería hablar, pero no le salían las palabras de la boca. Al final, me incliné y me dijo al oído:

—Tenemos mucho trabajo que hacer.

No entendía cómo podía pensar en eso, pero para ella, el evangelio era una pasión. Dios nos había sacado de Haarlem, de nuestra comodidad, y habíamos experimentado el verdadero reino de Dios, Su poder y Su fuerza.

El resto del día no pude verla; las otras guardias no me permitieron salir del barracón. Al día siguiente, tras el recuento, fui directo al hospital para ver si veía a mi hermana por alguna ventana. Una enfermera me tapaba la vista. Después llegó una segunda. Examinaban su cuerpo inerte, desnudo. Mi pobre hermana estaba irreconocible, era un amasijo de huesos.

Entonces, sucedió lo impensable: entre las dos, alzaron la sábana y se llevaron el bulto en el que se había convertido mi hermana.

«¡Betsie!», grité, desesperada. Me aferré a aquel cuerpo, aunque sabía que mi querida Betsie ya no estaba allí. Había partido con Dios, al lado de Papá y Mamá.

No puede ser, Dios le había dicho que tenía que hacer muchas cosas para Él, me dije, intentando negar lo que mis ojos habían contemplado.

Pensé entrar por el baño pero no me atrevía. Me dolía el pecho y no quería ver a mi hermana arrojada entre otros cadáveres. Estaba como en trance, fuera de control, pero nadie me decía nada, como si fuera invisible o como si un halo misterioso me protegiera.

—¡Corrie! —escuché a mi espalda y regresé en sí. Era Mien.

—¿Qué sucede?

—Ven conmigo.

Comencé a llorar de nuevo mientras me daba la mano fría y temblorosa.

—Ya lo sé, la he visto.

Me llevó hasta la ventana del baño y me introduje en el edificio.

—Es su hermana Corrie —le dijo mi amiga a la enfermera.

Aparté la mirada; no podía hacerlo.

—Mírala. No te quedes con una imagen terrible; debes mirarla —me suplicó.

Mis pensamientos me torturaban. *¿Por qué has permitido esto, Dios? Esto no lo puedo soportar. ¿Dónde quedan tus promesas? No me falles ahora.*

Al final, bajé la mirada y vi un ángel. Sus ojos cerrados parecían en paz, su semblante había cambiado por completo, como si Dios mismo hubiera esculpido en su rostro un nuevo ser. Ya no había ni rastro del dolor ni del sufrimiento. Era mi hermana, con la que había vivido tantas cosas hermosas.

Me llevaron a la salida, vi el suéter azul y fui a recogerlo, como si quisiera aferrarme a lo poco que me quedaba de Betsie.

«Déjalo, Corrie, los van a quemar».

Agaché la cabeza, cerré los ojos y salí a la nieve resplandeciente. Ahora que estaba completamente sola, sentí a Dios de una manera aún más intensa, y una voz que me susurraba al oído: «No te dejaré ni te desampararé».

La imagen de Betsie fue mi consuelo. Mientras esperaba en el patio a que pasaran lista pensaba en ella. Apenas sentía mis piernas y notaba que mi vida también se agotaba, pero eso me animaba; deseaba reunirme con ellos en el cielo. *Qué envidia me das, hermana,* pensé mientras me la imaginaba feliz y sin dolor más allá de las estrellas.

Una mañana, me llamaron por mi nombre, y la guardiana me dio un papel.

—Eres Cornelia ten Boom, ¿no?

—Sí, el número 66 730.

—Quédate a un lado.

La gente dejó la formación y yo me quedé en medio de la fría mañana. Pensé que alguien me habría delatado por leer la Biblia. Lo cierto es que ya no me importaba.

—¡Sígueme! —dijo la guardiana.

Lo hice cojeando y casi sin fuerzas. Me costaba no caerme al suelo. Se paró en el pabellón administrativo, nos dirigimos a una mesa y un oficial me entregó un papel.

—Liberación.

—¿Liberación? —le pregunté, extrañada.

—Siguiente —dijo el oficial y me aparté de la fila. Miré el documento con mis datos y en alemán decía claramente: «Certificado de liberación».

Me llevaron por un pasillo. Caminaba como ensimismada, me parecía un sueño. Un soldado me dio un pase para que tomara el ferrocarril hasta Holanda.

Nos llevaron hasta una sala médica y nos mandaron que nos desnudásemos. Todas nos quitamos la ropa, un médico alemán llegó y me examinó.

«Edema, al hospital».

Lo miré sorprendida.

«¿No estoy libre?», pregunté.

Una de las compañeras me dijo: «Tus piernas están hinchadas. Te soltarán cuando estés bien».

Me llevaron a una habitación que compartía con otra presa, me colocaron las piernas en alto y así estuve unos días, esperando recuperarme lo suficiente para que me dejasen ir.

En cuanto pude, caminé por la pequeña clínica. Todo a mi alrededor era desolación. Había muchas mujeres mutiladas por el bombardeo a un transporte que las traía al campo. Por las noches, muchas se caían de la cama y morían en el suelo ante la indiferencia de las enfermeras y los doctores. Sentía que yo me estaba volviendo tan insensible como los nazis.

Las enfermas pedían ayuda, muchas de ellas para orinar. Les llevé mi cuña y comencé a ayudarlas. Las pobres me preguntaban por qué las ayudaba; yo simplemente acariciaba sus frente sudorosas y las bendecía. Entonces, me di cuenta de que aquel era el día de Navidad, la más extraña de mi vida, pero en la que me sentí más cerca del Niño Dios.

Cada mañana me examinaba el doctor, pero me enviada de nuevo a tener reposo. Sin embargo, en lugar de hacerlo, me pasaba el día atendiendo a las enfermas. Pensaba en Betsie. Ella también habría sido liberada conmigo, pero acepté que Dios tenía otros planes, unos que no podía comprender.

Le di mi Biblia a una chica de Utrecht; era la única capaz de entender el neerlandés. Sabía que mi liberación no podía tardar mucho, mis piernas iban mejorando.

Aquella última mañana, el médico autorizó mi alta. Me buscaron ropa y me hicieron firmar un documento que decía que el trato en Ravensbrück había sido bueno. En otra sala, me dieron mis objetos personales, un pan y unos cupones de racionamiento. Nos llevaron hasta las puertas del campo y, junto a un grupo de mujeres, nos sacaron afuera.

Una guardiana iba delante. Pensé muchas veces que nos devolvería al campo con cualquier excusa, pero nos dejó en la estación de tren. Desde allí, deberíamos ir a Berlín y después cada una a su destino.

Nos sentamos en los bancos de hierro y esperamos pacientemente. Éramos libres, aunque aún no nos hacíamos a la idea. Al poco tiempo, me di cuenta de que me habían robado el pan; estaba tan aturdida que no me daba cuenta de nada. Vimos llegar al tren y nos montamos emocionadas. Quería salir de Alemania cuanto antes.

CAPÍTULO 30

Casa

LLEGUE A BERLÍN EL DÍA de Año Nuevo de 1945. Era media noche y la estación estaba destruida casi por completo. La capital entera de Alemania parecía un montón de escombros. Betsie había profetizado aquel día. Antes de finalizar el año, las dos estábamos libres: ella en el cielo y yo en aquella inmensa estación sin techo de Berlín. Me dolían los pies por los zapatos y no encontraba el andén de mi tren; caminé por la terminal varias veces. No me atrevía a preguntar a nadie. Al final, le pregunté a un hombre de rostro bondadoso.

«¿Es usted holandesa? Yo visité una vez su país con mi esposa en unas vacaciones. ¡Qué hermoso es el mar!», dijo mientras su rostro se iluminaba por momentos al recordar su pasado.

Me llevó hasta el andén y me despidió con una sonrisa. Me subí al tren y esperé. En cuanto se puso en marcha, me sentí mareada por el hambre. Fui hasta la cafetería del tren, pero no tenía dinero ni cupones. Le dije al camarero que me los habían robado, y me miró con desconfianza.

«No le creo una palabra», me contestó. Regresé a mi asiento desfallecida.

Alemania estaba desolada. Cada ciudad que veía estaba peor. Hasta los bosques estaban ennegrecidos por las bombas; ya no quedaba nada del viejo y orgulloso pueblo germano. Sentí lástima por todos ellos, a pesar de todo el dolor que nos habían provocado.

Esperé en Uelzen el siguiente tren para Holanda, pero me dormí en la cafetería de la estación. Después de varias horas, me enteré de dónde salía mi tren, pero tenía las piernas hinchadas. Un alemán que hablaba holandés me ayudó a llegar hasta el andén. Me monté y, unas pocas horas más tarde, me encontraba en mi amada Holanda.

El tren me dejó en Groningen. Caminé como pude al hospital y una amable enfermera me atendió.

«¡Dios mío! ¿Dónde ha estado?».

Le conté mi historia. Sin decir nada, me dejó sentada y, unos minutos más tarde, regresó con una bandeja. Olisqueé la mantequilla y el té, casi se me saltaron las lágrimas. Comí con avidez y ella apartó las galletas.

«No coma tanto. Está desnutrida y puede hacerle daño. Poco a poco».

Me sentí mal por la regañina.

«Ahora le voy a preparar un baño caliente».

Aquella frase me dejó sin palabras. Fue el mejor baño de mi vida. Nunca me he sentido tan relajada, mientras dejaba atrás toda la miseria, la suciedad y el dolor de aquel terrible año.

Me prepararon la cama, y el contacto con las sábanas limpias y las almohadas hizo que me durmiera de inmediato. Por fin me trataban de nuevo como un ser humano.

Pasé diez días en el hospital. Tras sus cuidados me sentí mucho mejor. Lograron que entrara en un transporte de comida hacia Haarlem; estaba deseosa de ver a mi familia, y esperaba que todos estuvieran bien. Logré que llamaran a la residencia de mi hermano y le dijeran que Betsie había fallecido pero que yo estaba bien.

Cuando llegué a Hilversum, no podía contener mi emoción. Me dejaron junto a la tapia de la casa de ancianos de Willem. Llamé a la puerta y dos de mis sobrinas se lanzaron sobre mí.

«¡Tía!».

Comencé a llorar sin parar. Willem se aproximó cojeando con un bastón.

«Estaba seguro de que volvería a verte».

Nos sentamos en los viejos sillones y le conté todo lo que habíamos vivido en aquel año terrible y lleno de bendiciones. Él me contó sobre la detención de Kik, y que no sabían nada desde hacía meses.

Pasé dos semanas con la familia, pero quería ir a Haarlem; aquel seguía siendo mi hogar.

Mi hermano logró que me dejaran un transporte para regresar a casa. Cuando me senté en el coche, me di cuenta de que el conductor era Herman, mi querido amigo Pickwick que había visto medio muerto por última vez.

Entramos en las estrechas calles de Haarlem, mi amada ciudad. Todo parecía igual, como si mi ausencia hubiera pasado desapercibida a las viejas fachadas y los estrechos canales.

Nollie me esperaba en la casa con sus hijas y Toos; me abrazaron entre risas y lágrimas. Todo estaba igual, pero el vacío y la ausencia eran palpables.

«¿No quieres quedarte en nuestra casa?», me preguntó mi hermana.

«No, este es mi hogar».

Al día siguiente, me enteré de que nuestro gato había sido adoptado por los niños del barrio y parecía más lustroso que el día que lo vi por última vez.

No me quedé con los brazos cruzados; los alemanes todavía dominaban nuestra ciudad. Colaboré con la resistencia en pequeñas cosas; debía seguir ayudando a la gente que lo necesitara. Era lo que habrían hecho Betsie y Papá.

Una frase venía constantemente a mi mente, las palabras de mi hermana: «Tienes que contarlo todo, deben saber lo que ha sucedido. Ellos te escucharán».

Esa era mi misión, el propósito de mi vida, y no dejaría de hacerlo mientras me quedara aliento y fuerzas para seguir adelante.

Epílogo

MIENTRAS MIRABA AL VIEJO GUARDIA alemán, toda mi vida pasó delante de mis ojos. Recordé cómo, de forma milagrosa, Dios nos dio exactamente la casa que había visto Betsie. Nos la donó una mujer rica de la ciudad, la señora Bierens de Hann. Ella no sabía que la andaba buscando, pero nuestro Señor sí lo sabía. Cuando entré por primera vez, reconocí cada estancia, era realmente como la había descrito mi querida hermana.

«Espero que Dios lo bendiga», le dije al hombre. Fue de corazón; ya no guardaba en mi interior ningún tipo de rencor.

Aquel día, comprendí que para que el mundo sanase de todo aquel dolor, la única esperanza no estaba en el perdón humano, sino en la bondad de Dios. Su amor marcaría la diferencia.

Desde aquel día, me dedique a cuidar a los alemanes que habían sobrevivido pero lo habían perdido todo; eran también mis hermanos. Juntos caminaríamos hasta el campo que había imaginado Betsie de ventanas blancas y dulces fachadas verdes, una antesala del cielo, de los nuevos cielos y la nueva tierra en los que ya no habría más llanto ni dolor.

Aclaraciones históricas

LA MAYOR PARTE DE LOS hechos que se narran en este libro son reales, al igual que los escenarios y lugares donde se desarrolla la trama. Algunas de las conversaciones son ficticias o han sido ampliadas para su adaptación dramática.

La joven periodista Helga Deen no estaba en el campo cuando llegaron las hermanas ten Boom.

Cronología

1914-1919: Holanda permanece neutral durante la Primera Guerra Mundial.

Septiembre de 1939: Los holandeses declaran la neutralidad al comienzo de la Segunda Guerra Mundial.

Mayo de 1940: Alrededor de 140 000 judíos viven en los Países Bajos.

10 de mayo de 1940: Los alemanes atacan los Países Bajos.

13 de mayo de 1940: El gabinete holandés y la familia real huyen a Londres.

14 de mayo de 1940: El centro de Rotterdam es destruido por los bombardeos alemanes.

15 de mayo de 1940: Los holandeses se rinden a Alemania. Después de cinco días de combates, hay 2220 soldados holandeses muertos, 2700 soldados holandeses heridos y 2000 víctimas civiles.

1940-1945: Hitler ve a los ciudadanos holandeses no judíos como arios o miembros de la «raza superior». Su intención es hacer de los Países Bajos parte del gran Reich germánico.

Mayo de 1940: Los nazis establecen un nuevo gobierno encabezado por el nazi austríaco Arthur Seyss-Inquart. El antiguo gobierno holandés sigue intentando comunicarse con ciudadanos holandeses de Gran Bretaña.

1940: Bases de la Luftwaffe: Alemania comienza a construir bases de la fuerza aérea en los Países Bajos para organizar ataques de la Luftwaffe contra Gran Bretaña. Muchos aviones aliados y alemanes son derribados sobre tierra holandesa (aproximadamente 6000 aviones, o tres aviones por día).

1940-1944: El Arbeitseinsatz: todos los holandeses de entre dieciocho y cuarenta y cinco años deben trabajar para Alemania. Al final de la guerra, 387 000 ciudadanos holandeses se ven obligados a trasladarse a Alemania para trabajar en fábricas que a menudo son el foco de feroces bombardeos de los aliados. Los ciudadanos holandeses que se niegan a trabajar deben esconderse.

1941: Muro atlántico: Alemania comienza a construir defensas a lo largo de la costa atlántica desde Francia hasta Dinamarca. Muchas casas holandesas quedan destruidas y miles de ciudadanos holandeses se ven obligados a trasladarse en el proceso.

1941: Los judíos alemanes de los Países Bajos son declarados apátridas. Comienzan las deportaciones de judíos para «trabajar» en Oriente.

25 y 26 de febrero de 1941: Miles de trabajadores holandeses hacen huelga para protestar por las deportaciones de judíos.

1941: Gleichschaltung («conformidad forzada»): El Partido Nazi de los Países Bajos es el único partido político permitido en el país. Todas las organizaciones no nazis están prohibidas.

Mayo de 1942: Se requiere que los judíos usen la estrella amarilla de seis puntas en una prenda exterior.

Mayo de 1942: Nazis holandeses: el 3 % de la población masculina adulta (más de 100 000 miembros) pertenece al Partido Nazi de los Países Bajos, y 16 000 jóvenes componen su rama juvenil. Entre 20 000 y 25 000 holandeses se ofrecen como voluntarios para las Waffen-SS (fuerza militar especial alemana).

Verano de 1942: Persecución de judíos holandeses: se llevan a cabo muchas más deportaciones de hombres y mujeres judíos a campos como Auschwitz y Sobibor, donde a menudo son asesinados. Los nazis llevan a cabo estas deportaciones con la ayuda de la policía holandesa y los trabajadores de la administración pública.

6 de julio de 1942: Ana Frank y su familia se esconden en Ámsterdam.

10 de enero de 1942: Aliado de Alemania: Japón declara la guerra a Holanda; Japón invade las Indias Orientales Holandesas (que más tarde se convirtieron en Indonesia). Se toma a 42 000 soldados holandeses como prisioneros, 100 000 civiles holandeses son arrestados y millones de súbditos coloniales son sometidos a trabajos forzados.

1940-1945: Resistencia holandesa: algunos ciudadanos holandeses resisten activamente su ocupación falsificando dinero o tarjetas de racionamiento, asaltando centros de distribución y entregando tarjetas de racionamiento robadas, escondiendo a conciudadanos, espiando para los aliados, saboteando proyectos laborales alemanes, creando periódicos clandestinos, manteniendo contacto con Londres, e incluso asesinando a líderes nazis.

9 de agosto de 1945: Ana Frank y su familia son arrestados; el único miembro de la familia que sobrevive a los campamentos es el padre de Ana, Otto Frank.

1944-1945: Represalias violentas: los nazis responden a diferentes actos de resistencia holandeses con extrema violencia. Atacan universidades, ejecutan a cientos de rehenes holandeses, bombardean barrios y, en el caso de la ciudad de Putten, deportan a toda la población masculina a campos de trabajo.

5 de septiembre de 1944: Martes loco: muchos holandeses comienzan a celebrar pensando que están en vísperas de la liberación. Hay 65 000 colaboradores holandeses que se trasladan a Alemania.

De finales de 1944 a mayo de 1945: Invierno de hambre: en respuesta a una huelga de ferrocarriles ordenada por el gobierno holandés en el exilio, Alemania corta todos los suministros de alimentos y combustible a las provincias occidentales de los Países Bajos. Hay 4,5 millones de personas que quedan sin suministros. Aproximadamente 18 000 ciudadanos holandeses mueren de hambre, mientras que miles más sufren de desnutrición, enfermedades y exposición.

14 de septiembre de 1944: El principio del fin: los aliados liberan las primeras ciudades holandesas (Maastricht, Gulpen, Meerssen). Gran parte del sur de los Países Bajos es liberada a fines de 1944, aunque muchas secciones del norte permanecen ocupadas hasta el final de la guerra.

1944-1945: Algunos grupos de soldados estadounidenses viven en las comunidades holandesas y sus alrededores durante semanas. A menudo, interactúan con los lugareños.

1944-1945: Cuando los aliados ingresan a los Países Bajos, se producen muchos combates violentos en las ciudades holandesas y en todo el campo. La población sufre el bombardeo tanto de los aliados como de los alemanes.

5 de mayo de 1945: Todos los Países Bajos son liberados de la ocupación alemana.

7 de mayo de 1945: Alemania se rinde.

1945: Los líderes y colaboradores nazis holandeses son ejecutados (a veces, sin juicio) o encarcelados. Las mujeres que tenían relaciones con hombres alemanes, o *moffenmeidens*, son humilladas públicamente, a menudo al afeitarles la cabeza.

Holocausto de 1945: el 75 % de la población judía holandesa original muere durante la Segunda Guerra Mundial. Este porcentaje es mucho mayor que en países comparables como Bélgica o Francia.

1945: Holanda se convierte en miembro fundador de las Naciones Unidas.

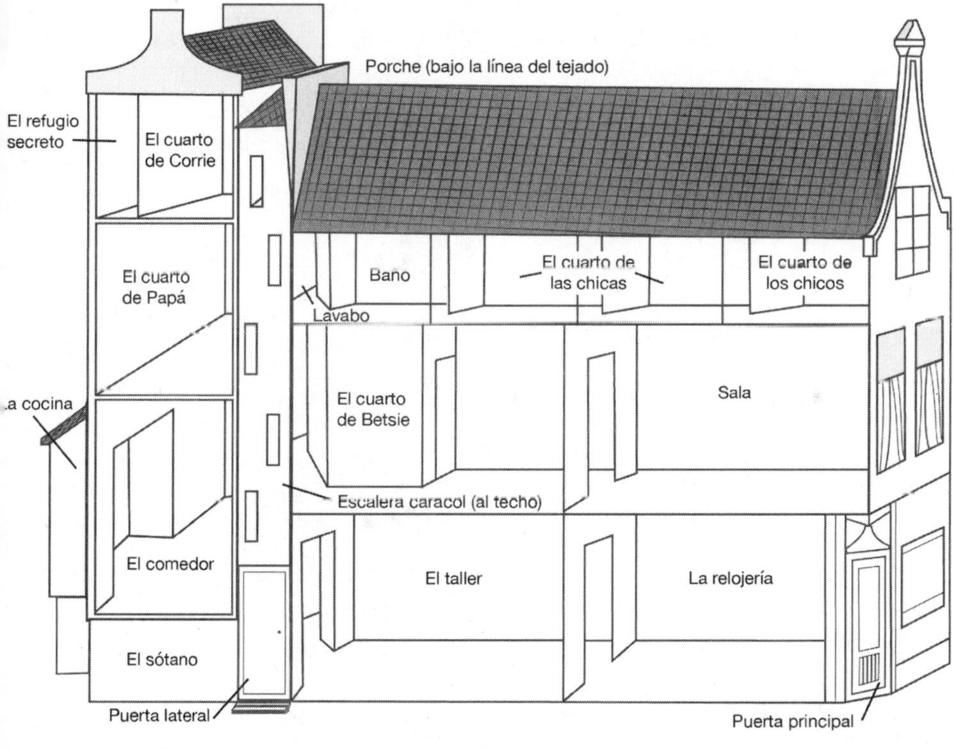

Porche (bajo la línea del tejado)
El refugio secreto
El cuarto de Corrie
El cuarto de Papá
La cocina
El comedor
El sótano
Puerta lateral
Baño
Lavabo
El cuarto de las chicas
El cuarto de los chicos
El cuarto de Betsie
Sala
Escalera caracol (al techo)
El taller
La relojería
Puerta principal